新しい「価格」の教科書

値づけの基本からプライステックの最前線まで

ハルモニア代表取締役
松村大貴

ダイヤモンド社

はじめに

古今東西、あらゆるモノやサービスの売買には価格がつけられてきた。
つまり、すべての企業や個人は価格に関わって生きている。

例えば、この本を書店で開いているあなた。あなたの周囲にはいったい何冊の本があるだろうか。それら一つひとつに固有の価格がつけられていることを想像してみてほしい。

そして、この本を買ってから「はじめに」を読み始めたあなた。あなたは本から得られる価値が価格以上だと期待して、購入を決めたはずだ（ありがとうございます）。

お金を使う以上、すべての人が関係するこの「価格」について整理して、最新の視点へとアップデートすることを目指したのが、本書『新しい「価格」の教科書』だ。

新しい形の「お金」や「決済方法」が登場するのに合わせて、「価格」も進化している。新しく多様な「価値観」が生まれれば、それに合わせて「価格」も多様になる。

この本を読むと、価格について大きく三つの視点が得られるよう心がけた。

一つ目は、固定的な価格から、動的な価格への変化について。商品に値札や定価がつけられる一律価格と、状況に合わせて変わっていく変動価格の変遷を、歴史の流れから考察する。

二つ目は、アナログから、デジタルな方法論への変化について。より良い取り引きを目指して、価格に関するデジタル・テクノロジーは進化している。プライステックやダイナミック・プライシングといったキーワードと、その本質を考える。

三つ目は、狭義のプライシング（価格づけ）から、広義のプライシングへの拡張について。より良いプライシングを目指すために、できることは実は幅広い。価格をより広い概念として捉え直し、さらには社会課題解決への適用可能性を考える。

本書の構成は、次のとおりだ。第1章が価格の基本。第2章から第4章が価格の過去～現在、そして実践編。第5章が価格の未来。

時系列の構成だが、どこからでも読み進めていただいて構わない。そもそも価格とは何かを知ることに興味のある人は、第1章や第2章から順番に。プライステックと呼ばれる技術や、実践・実装の方法を学びたい人は第3章や第4章から。価格のもたらす社会課題解決や未来へのポテンシャル、筆者の見据える世界観については第5章にまとめた。

第1章　価格の基本

「価格」とは、売り手と買い手の合意によって決めた商品の価値のことであり、「プライシング」はそのプロセスである。狭義のプライシングとは、買い手の「払ってもいい額の範囲」と売り手の「売ってもいい額の範囲」が重なる範囲を見極めて、価格を設定することだ。

第2章　価格の歴史

価格の歴史は、個別交渉をしていた「価格1・0の時代」、一律価格がつけられる「価格2・0の時代」、変動価格とテクノロジーが採用される「価格3・0の時代」の三つに大別できる。価格3・0の時代においては、個人はフットワークを軽く、柔軟なライフスタイルで過ごすほど得になる。

第3章　価格3・0を象徴するプライステック

プライステックとは、プライスとテクノロジーを組み合わせた造語で、その名のとおりプライシングを行うための技術やサービスの総称である。価格を決める主体者やタイミングによって、主に三つのカテゴリーがある。プライステックの広がる背景には、「Eコマース」「電子決済」「データ分析」という三つのテクノロジーの普及がある。

第4章　ビジネスを大きく変えるこれからのプライシング

新しいプライシングの成功確率を高めるためには、一定のフレームワークがある。複雑度の高いテーマだからこそ、目的を失わないために適切な順序で進めるのがよい。プライシングをコミュニケーションと捉え、顧客をセンターにおいて構想することで、有効かつ顧客にも納得感のある価格をつけることができるだろう。売り手の独りよがりや、技術偏重のプライシング戦略となってしまうのは防ぐべきだ。

第5章　価格の未来

価格は個人や企業の行動を変え、資源とニーズのマッチングを調整する。うまく活用することができれば、食品ロス、エネルギー消費、商品の廃棄問題などを抑制し、社会課題解決にもつながる。企業や個人のマインドセットが変わり、私たち一人ひとりの行動が変わっていくことで大きな変化が生まれていく。

本書は直接的に価格決定に関わる人だけでなく、すべてのビジネスパーソンに向けて、新しい考え方や捉え方を共有することに重きをおいて書いた。経済学の難しい言葉も極力避けるようにしているため、特別な前提知識なしで読んでもらえるはずだ。

筆者は、2015年に創業し、プライシングというテーマに取り組み続けてきたハルモニア株式会社の代表を務めている。クライアントは、日本を代表するチェーンホテル、高速バス、鉄道などの企業だ。

教科書と銘打っているが、筆者は先生や研究者ではない。また、どこか企業内でプライシングを行ってきた実務家でもない。そんな筆者がなぜプライシングを学べたかといえば、各業界のトッププランナーと向き合い、実践知を共創してきたからに他ならない。プライシングに関する多くの書籍や情報を読み込むだけでなく、各業界・各企業の課題解決に伴走し、システムに組み込み、失敗と改善を重ねてきた。価格の仕組みとその社会にもたらす価値を考え続けた日々で得られた知見を抽出したのがこの本だ。その経験の上で、筆者は「プライシング」の発展に大きな可能性を感じている。

価格に関する先入観をなくし、新しい価格の仕組みや戦略を読者が描くための土台を用意したつもりだ。

この本を片手に、新しい価格の実践へと踏み出してほしい。

新しい「価格」の教科書／目次

第1章　価格の基本

第2章 価格の歴史

一律価格から「時価」「1 on 1」の時代へ

第3章 価格3・0を象徴するプライステック
動的に価格を最適化する「プライステック」による革新

第4章　ビジネスを大きく変える　これからのプライシング

第5章　価格の未来

プライステックで世界はこう変わる

第1章

価格の基本

あらゆる売買には必ず価格がついている

朝起きてから夜眠るまで、私たちはいくつの「価格」を目にしているだろうか。テレビをつければ情報番組やＣＭで安さの訴求が飛び込んでくる。電車やバスに乗るには運賃があり、広告にも価格が記載されている。スーパーマーケットやレストランに入ればすべての商品に価格がついている。そしてインターネットで調べても、旅行やＥコマースの情報には価格がつきものだ。買った商品だけでなく、買わなかった商品も含めて、私たちは毎日無数の価格を目にし、取捨選択を繰り返している。

コンビニエンスストア大手のセブン‐イレブンでは、１軒の店舗に約２５００種類のアイテムが置かれている。つまり、コンビニエンスストアという比較的小さい１店舗だけでも、約２５００通り（またはクーポンやまとめ買い割引の価格も含めるとそれ以上）の価格が設定されていて、私たちはそれだけの数の商品情報と価格情報を見比べながら、購買の判断をしているということだ。

私たちが意識しないところにも価格は存在する。例えば電車の運賃。ＪＲ東日本でＩＣカード乗車券「スイカ」が導入されたのは２００１年。その発行枚数は約20年を経て、今や累計8000万枚を超える。運賃表を確認し、お財布を出してきっぷを買う機会は減ったものの、そこには1乗車当たりの価格があり、私たちはそれに納得してタッチ（支払い）をしているわけだ。

モノやサービスに限った話ではない。労働の対価として、時給や年俸が決められていることは、ある意味で自分自身についた価格といえる。気候変動対策として、企業や工場、車が排出する二酸化炭素量に対して価格がつけられる制度は、「カーボン・プライシング」と呼ばれ国際的に注目されている。さらには、統計的生命価値という研究テーマも存在する。命にさえも価格がつけられ、大きな政治上の判断に用いられているといえるだろう。

古今東西、人類はものやサービスに価格をつけ、それをもとに取引を重ねてきた。『繁栄――明日を切り拓くための人類10万年史』（早川書房）などを著したイギリスの著名な科学ジャーナリスト、マット・リドレーによると、人類は交換と分業によって個では実現できない効率性を実現し、文明を発展させてきた。魚と穀物のように生産地も単位も異なるような商品の交易を可能にし、靴職人と法律家のように異なるスキルを発揮する商売が同じ経済の中で成り立っているのも、お金と価格がその役目を果たしているからだ。

物々交換から物品交換、お金（貨幣）の発明、信用払いやキャッシュレス決済の誕生へと、より便利で効率的な取引を求めて、さまざまな手法やテクノロジーが用いられるようになった。しかし本質は変わらない。「価格の設定・調整＝プライシング」は、人類普遍の取り組みだ。

あらゆるモノやサービスの売買に必ず価格がつけられているということは、すべての企業はプライシングを行っているということだ。広告を打たない企業はあるが、プライシングをしない企業はない。無料のサービスでさえ、それは0円という価格が誰かの意図によって決められたわけである。

あらゆるビジネスに関わり、生活の多くに影響する、この「価格」というものを私たちはいったいどのくらい理解できているだろうか。

価格とは何か

「にんじん1ことたまねぎ2こで300えんになります」

幼稚園に通うようになった娘とお買い物ごっこをしていたら、店員役を務めていた娘から300円という言葉が出てきた。幼稚園に通う子供でも、ものには価値があり、それを手に入れるにはいくらかの対価を支払わなければいけないという、価格とお金の概念を理解している。

では価格とはいったい何だろうか？　現代を生きる私たちにとって、日々の懸案であるお金の情報はテレビや書籍、インターネットなど身近にあふれている。一方で、価格のことを知り、学ぶ機会は少ないように思う。大日本印刷の運営するオンライン書店hontoのデータベースで検索しても「お金」について書かれた書籍は5739冊、「価格」について書かれた書籍は1869冊と、その差は3倍以上だ。

そもそも「お金」と「価格」の違いとは何か。

辞書によれば、お金とは「商品の価値尺度や交換手段として社会に流通し、またそれ自体が富として価値蓄蔵を図られるもの。（デジタル大辞泉・小学館）」

価格とは、「商品の価値を貨幣で表したもの。値段。（同前）」という定義だ。

つまり、取引の際に渡す「もの」や、資産として貯めている「もの」を指しているのがお金であり、それを交換の際にどれだけ渡せばよいのかという「単位」を指しているのが価格ということになる。言い方を変えれば、お金は動いていないときにもそこに存在するが、価格は取引やその検討を行うときに初めて登場する概念だ。「もしも世界に価格がなかったら」という問いは、「お金がなかったら」という問いにも等しい。お金はそもそも物々交換を超えて本来比べにくいもの同士や、スキルや仕事の価値を一つの数字で表して比較するためにある。その単位が価格なのだ。

価格とは何かを考えるためには、まずはミクロの視点である一つの取引に注目してみよう。私たちが普段何気なく行っている「売買」は、細かく見るとこのようなステップに分解できる。

1. 売り手が商品に価格を設定する
2. 買い手がその価格を見て、その商品から得られる価値や自分のお財布状況を鑑みて、取引すべきか考える
3. (交渉の余地があれば) 交渉する
4. 売り手が売ってもいいと思う価格と、買い手が買ってもいいと思う価格が合致すれば取引が成立する

この1対1の取引を手軽に行える仕組みを提供しているのがメルカリだ。メルカリ

とは2013年にサービス提供が始まったフリマ（フリーマーケット）アプリで、日本国内の8人に1人、1750万人が利用している。売りたい商品の写真を撮影し、商品の状態や価格、配送方法を設定するだけで簡単に出品できるのが特徴だ。

メルカリでは、売り主がまだ使えるけれど不要となった商品の価格を設定して出品する。他のユーザーは欲しい商品を見つけたら、その商品の状態を写真や説明文から判断し、購入を検討する。このとき、売り主が設定した価格でそのまま購入をすることもできるが、メルカリが面白いのは、ここでは売り主にメッセージを送って価格交渉ができることだ。メッセージを受け取った売り主はその価格で合意することもできるし、まだ他の買い手がつきそうであれば見送ることもできる。こうしたやり取りの中で、「売ってもいいと思う価格」と「買ってもいいと思う価格」が合致すれば取引が成立する。

このように、価格は商品の価値を表す指標である一方で、見方を変えれば、売り手と買い手の合意・妥協によって商品の価値を決めるプロセスともいえる。1対1の取引であればこれでいいが、他にも1000人の買い手がいる場合は、1000人のことを考えてちょうどいい価格を設定する必要がある。それもまたプロセスだ。

プライシングの基本

それでは、「価格の設定・調整＝プライシング」を上手に行うには、どのように考えていけばいいのだろうか。

元経営コンサルタントで資生堂の代表取締役も務めた青木淳は著書『プライシング――消費者を魅了する「値ごろ感」の演出』(ダイヤモンド社)において、プライシングの三つの基本要素を次のように述べている。

①プライシングは、企業(売り手)の活動において、その盛衰を決するきわめて重要な戦略課題である
②プライシングは、顧客(買い手)が感じるバリューを評価し対価をすり合わせる、顧客(買い手)と企業(売り手)双方の理屈を行ったり来たりするプロセスである
③プライシングは人や時間によって変わる、常に最適化の努力を要するものである

価格が高すぎると、売り手は得をするが、買い手は損をするので取引が成立しない。

図1-1
プライシングの基本

お客様が買ってもいいと思う価格範囲「Payable 」と、
企業が売ってもいい価格範囲「Profitable」の重なるところで売買は成立する。

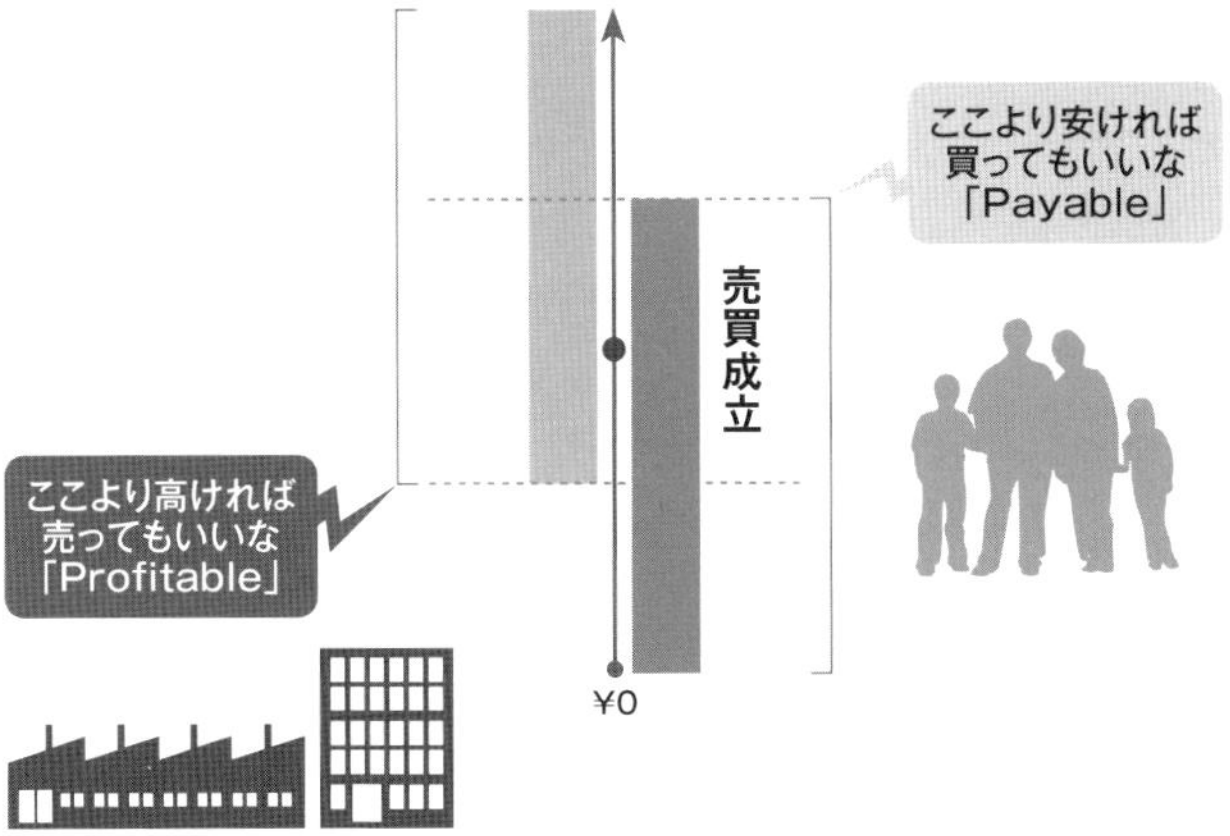

安すぎると、買い手は嬉しいが、売り手が損をするので、これも合意に至らない。売り手は合意が十分に得られるように価格を設定し、値引きや値上げを行う。

価格とは「売り手と買い手の合意・妥協を表すもの」である。合意できるということは、売り手にとっての「売ってもいい額（Profitable）」と、買い手にとっての「払ってもいい額（Payable）」が重なっている、ということだ。その関係は**図1－1**のようになる。

買い手にとっては、価格は安いほど嬉しい。つまり、払ってもいいと思える上限の価格があり、そこから安いほうへ「払ってもいい額の範囲」が存在する。

反対に、売り手にとっては、価格は高いほど嬉しい。そして、商品を作って売るには費用がかかる。その費用よりも安い価格では損が出るため、売るわけにいかない。つまり、売ってもいいと思える下限の価格があり、そこから高いほうへ「売ってもいい額の範囲」が存在する。

狭義のプライシングとは、買い手が「払ってもいい額の範囲」と「売ってもいい額の範囲」が重なる範囲内で、価格を決めるという仕事そのものを指す。売り手の立場にとってプライシングの目標は、買い手が「払ってもいい額の範囲」内で可能な限り高く、自分が「売ってもいい額」を見定めることとなる。

プライシングは、基本的には売り手主導のプロセスだ。なかにはオークションのように、最も良い条件を提示した買い手が選択権を持つプライシング方法もあるが、取引を成立させるために価格の調整が行われることすべてがプライシングだといえる。

より広い意味のプライシングは、この「売ってもいい額」と「払ってもいい額」の範囲をどのように広げていくかといった取り組み全体を指す。

例えば、今ある状態で最善のプライシングをしたいけれども、買い手にとっての払ってもいい額の上限が低いために、ほとんど価格を動かせる幅がないという状況を想定しよう。有効なプライシングとはその限界の範囲内で価格を決めることだけではなく、買い手への見せ方やコミュニケーションの工夫、サービスの改善などと連動して、「払ってもいい額」の範囲を引き上げていくことだ。また、アプローチ対象を「払ってもいい額」がより高い顧客層に変えていくことも考えられる。このように考えると、企業におけるほぼすべての仕事は広い意味のプライシングにつながっている。

売り手から見たプライシング

売り手から見たプライシングの目的は、前述したように「売ってもいい額」の範囲内で価格を定め、利益を確保することだ。このときの売ってもいい額は、商品・サービスの提供にかかる原価だけで決まるわけではない。レストランであれば、料理の原材料費だけではなく、人件費や設備費も回収し、企業として持続的に成長するために十分な利益を出せるレベルが必要になる。

プライシングに直結する要素に、原材料となる素材の価格がある。例えば2020年から2021年にかけて、ウッドショックと呼ばれる住宅建築などに用いる木材の価格高騰が起こった。木材だけでなく、鉱物や原油価格などの変化は多くのビジネスに影響をもたらし、経済ニュースでもよく取り上げられる。原材料の価格の高騰は、「売ってもいい額」の下限が引き上げられることを意味する。このときに商品の価格を据え置けば売り手の利益が圧迫され、価格を上げれば（「買い手に価格を転嫁する」と呼ばれる）一定数の購買が減ってしまうだろう。原材料の価格変動は企業にとって非常にシビアな問題だ。

さらには買い手のことを考えて、「買ってもいい額」の範囲内に価格を設定しなければ、誰にも買ってもらうことができない。自分たちの原材料費や販売コストを超えて十分に利益が出る価格帯の中で、適切に買い手に合わせた価格を決定するという仕事が、売り手から見たときのプライシングだ。

原価を積み上げて、そこに一定の粗利を乗せるようなコストベースのプライシングも行われているが、それは「売ってもいい額」というプライシングの一側面のみを考えているにすぎない。

売り手ができる努力だけを考えても、いかにコスト削減を行って、売ってもいい額の下限を下げていけるか。また、長期の時間軸でビジネスを捉え、一度の取引で完結するのではなく、ライフタイムバリューと呼ばれる顧客との長期の関係性や収益を見据えた考えによってプライシングの自由度は増していく。

日本企業のプライシングの方針も、コストベースや値下げ競争から、市場の需給に応じた考え方へとシフトしている。日本銀行の調査論文によれば、「人件費・原材料費等のコストをベースに、利益が確保できるように固定されたマーク・アップ率を乗じる」や「価格を引き下げてでも市場シェア確保を重視する」というスタンスよりも、「商品の需給環境等に十分配慮し、市場で許容される上限の水準に価格を決める」というスタンスを示す企業が増加傾向にある。

また、価格だけを考えるというわけにもいかない。マーケティングセオリーとして有名な「マーケティング・ミックス」は、四つのPとして、プロダクト（製品）、プライス、プレイス（流通）、プロモーション（販売促進）の整合性を保つことを求めたものだ。

図1-2のとおり、四つのPを束ねるマーケティング戦略の手前には、顧客・自社・競合の分析や、市場のポジショニング設定があり、事業戦略がある。利益に直結するプライシングだからこそ、より大きな戦略とのつながりの中で考えることが必要になってくる。

価格を変えると、他の要素にも必ず影響が表れる。レストランでコースメニューの価格を上げるならば、期待される料理やサービスのクオリティも上がる。1日当たりの顧客数も変わり、座席の配置や仕入れる材料の量も見直す必要が出てくるかもしれない。プライシングの方式や価格自体の変更を行うときには、それが顧客体験にとってどのような影響をもたらすのか、また他のマーケティング要素を同時に調整する必要はないのか、ということを常に連動させて考える必要がある。

このようにプライシング戦略はマーケティング戦略の中に、そしてより大きな事業戦略の中に位置づけられるものだ。そして、プライシングによって他のあらゆる要素が影響を受けることを組織全体で自覚することが大切だ。

図1-2
プライシング戦略の位置づけ

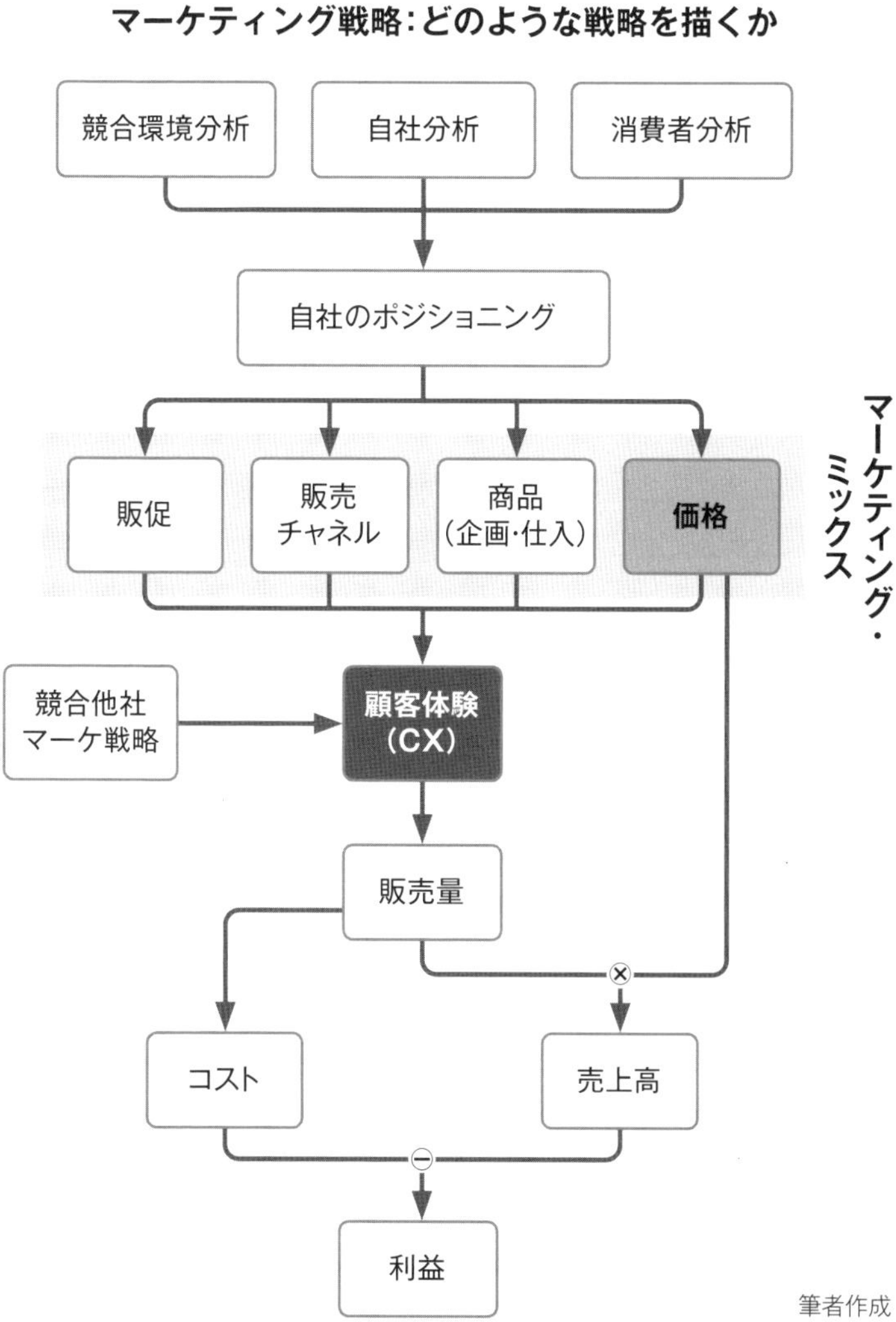

筆者作成

プライシングの全体像

プライシングと聞くと、「商品を1980円にするか、2980円にするか」といった販売価格の設定がまずイメージされるだろう。しかし、これはプライシングの要素の一つにすぎない。

プライシングの全体像は次のとおりだ。

戦略→価格方式→価格フレーム→価格

まず前の項で見た、事業およびマーケティングの「戦略」がある。次に、どのような課金体系や料金体系を設定するかという「価格方式」。そして、何に対して価格をつけるのか、どのように変化させるのか、という「価格フレーム」。最後に、そのフレームごとに何円を設定するのか、という「価格」がつながっている。

例えば、「方式」の課金体系については、1回買い切り、サブスクリプション、後払いなど、費用の発生するタイミングや回数によって異なる選択肢がある。

〈課金体系の例〉

・**1回買い切り**：商品の購入と同時に対価を支払い、以降は費用が発生しない一般的な方式。食料品やゲーム機本体の購入など。
・**サブスクリプション**：一定期間サービスを受けられる代わりに、継続して料金を支払う方式。新聞の購読、携帯キャリア通信料など。
・**後払い**：先に商品を手に入れ、後に請求があり対価を支払う方式。ツケ払いに応じる店舗や、法人間取引での請求書方式など。
・**前払い**：先に費用を支払い、後に商品が手に入る方式。スポーツ観戦チケット、ファッションの先行予約販売など。

「フレーム」は、課金対象の選択だ。自動車1つをとっても、課金対象としては自動車本体、オプション、アフターサービスなどが考えられ、それぞれを価格にどう折り込むかの検討を行う。いわゆる料金表の設計と見ることもでき、買い手にとってわかりづらいフレームでは、いったいいくら払えばよいのかと困惑させてしまうことになる。

このような、価格の方式、そしてフレームも含めて考える必要があるのがプライシングである。むしろ、価格自体を調整するよりも、その前提となる方式、フレームが変わるほうが買い手に対するインパクトが大きく、戦略上の重要な意思決定となる。

月額定額料金制の動画ストリーミングサービス「ネットフリックス」は、従来のビデオやDVDのレンタルから、インターネットを通じたストリーミング配信へと提供方法を変えた。2021年現在、月額990円から1980円まで3種類のプランでサービスが提供されている。ユーザーはインターネット接続されたテレビ、PC、スマートフォンなどから、好きな映画やドラマを視聴できる。

従来のレンタルショップと比べ、ネットフリックスのプライシングが大きく変えたのは、映画1本を見る価格そのものではない。サービスの提供方法を変え、価格の方式とフレームを変えた。映画視聴に対しての都度課金からサブスクリプションへ、つまり毎月定額を払い続けてサービスのユーザーとなる方式への変更こそが、ビジネスモデルとユーザー体験により大きなインパクトをもたらしているといえるだろう。

プライシングを行うときは、最終的な価格の高低だけでなく、価格の方式やフレームが自社の戦略や買い手のニーズ・心情にフィットしているかをも考えていく必要がある。

買い手から見たプライシング

大学で経済学の授業を受けていたならば、需要と供給で価格が決まる、という言葉を覚えている人は多いだろう。では需給の変化や、競合店の価格などの外部要因は、実際にはプライシングにどのように影響しているだろうか。これも買い手が「払ってもいい額」と売り手が「売ってもいい額」の関係から考えるとわかりやすい。

同じ商品でも、人によって状況によって、買い手が「払ってもいい額」は変わる。欲しい人が多く商品が少ないときには希少価値を感じ、「払ってもいい額」は高まる。反対に、欲しい人が少なく商品があふれているときは、「払ってもいい額」は低くなる。これが、最も単純化したときの買い手が「払ってもいい額」との関係だ。

また、同じような商品が他でも売られている場合は、その競合店の価格も影響する。他でより安く売られていることを買い手が知っている場合は、買い手が「払ってもいい額」はそれ以上に高まりづらいだろう。より安く売るか、より付加価値を提案する必要がある。

買い手が抱く「偏愛」も、買い手が「払ってもいい額」に影響する。何が好きか、どのくらいお金を出してでも欲しいと感じるか、という価値観は人によって異なる。例えば、人気プロ野球選手が使っていたグローブ。人気アニメとコラボした商品など。その背景やコンテクストを知らなければただのモノに見えても、趣味の合致する人には非常に高い価値を持つものもある。

このように考えると、買い手が「払ってもいい額」＝買い手の感じる商品の価値とは本来、常に揺れ動いているものだとわかるはずだ。そして、揺れ動いている的を、固定的／一律的な価格で捉えることは非常に難しい。変化する的を捉えるには変化するプライシングで挑むことも必要になってくる。

重要なのは「払ってもいい額」はあくまで買い手の価値観で判断されるものであり、商品そのものではないことだ。商品やサービスの価値は、その機能の素晴らしさや製造にかけたコストだけではなく、顧客の心理によって決まる、という発想に切り替えることが大切である。

ただし、現実には買い手は「払ってもいい額」や「払える額」を教えてくれるわけではない。過去の経験則や、手元にある情報から推定する必要がある。後述するプライステックは基本的にはこの推定精度を高めるための技術である。

私たちは「払ってもいい額」をどのように考えているのか

買い手の価値観で「払ってもいい額」が決まる。では、私たちは買い手の一人としてどれぐらい正確に自分自身の払ってもいい額というのを考えているのだろうか。

本来、参考になるような情報や価格がない状態で、ある商品やサービスに値づけをするというのは専門性が問われる作業だ。テレビで古美術品の鑑定価格を推測する企画があるが、モノの価格を正確に見積もるというのは、知識と経験がないとできない仕事である。

では私たちが普段「払ってもいい額」を考えるときに頼りにできるものは何かといえば、それは、他の商品との比較や相対的な順位づけだ。こうした自己の経験と記憶を頼りに、あくまで感覚的につけているにすぎないとも言える。

例えば目の前のAという商品に1万円という価格がついていて、これは自分にとって「払ってもいい額」なのかと考えるとき、私たちはほとんどの場合、何かとの比較を行っているはずだ。

・前にこの商品を買ったときの価格は何円で、満足度はどうだったか
・他のお店はこのAという商品は何円で売っているだろうか
・Bという似た商品は何円だろうか
・今月使えるお金の中で、1万円をこの買い物にかけていいだろうか。他に優先して1万円をかけるべきことはないだろうか

このように相対的に考えて、妥協できる範囲に収まる価格が商品につけられていれば買う。価格見積もりのプロフェッショナルではない私たちにとっての「払ってもいい額」の判断は、それくらい曖昧なものだ。だからこそ、1980円といった端数価格を実際よりも割安に感じたり、2000円→1800円といった割引表示に惹かれたりする。これらのテクニックが今もよく用いられ、有効に活用されているのも買い手の価値判断の相対さを表しているのかもしれない。

場所によっても価格は変わる

個人の価値観の違いだけではなく、場所や環境によっても同じ商品の価格は変わる。

そしてこれを私たちは自然に受け入れている。

例えば、さまざまな場所で買うワイン。酒屋やスーパーマーケットで買うと2000円のワインがあるとする。そうしたワインは、レストランでは4000円ほどで販売されているのが一般的だ。さらにボトルで注文すれば4000円のワインも、グラスで注文すれば価格が変わる。グラスワインの一杯はおよそ120㎖、つまりボトル1本750㎖の約6分の1の量だが、価格はボトルの約5分の1、800円ほどで販売される。買って家で飲む一杯と比べて2倍から3倍の価格だ。まったく同じワインであっても買う場所や、買い方によって価格は大きく変わっている。

これは別に私たちが騙されているわけではなく、それぞれに違う価値を感じて売り手とその価格で合意をしているという意味だ。なぜこうした価格の違いを受け入れられるのかというと、その商品に合わせたサービスや環境があるからだ。当然ながら、レストランはワインの液体そのものを提供しているだけではなく、あなたの代わりにグラスを用意し、洗い物までしてくれ、食事や楽しい会話を楽しめる空間や時間を提供している。同じ商品であっても体験の違いが価格の違いに表れているということを、私たちは無意識のうちに受け入れているとも言える。

売り手と買い手の力関係が変わってきた

２０２０年から２０２１年にかけて、大手通信キャリアのＮＴＴドコモ、ＫＤＤＩ、ソフトバンクが相次いで新料金体系の格安ブランドを立ち上げたニュースは記憶に新しい。これは総務省からの値下げ要請を受けての動きであったが、私たちが毎月支払う通信コストは一時期と比べて大幅に安くなってきた。

また前述のネットフリックスなど、「サブスクリプション」と呼ばれるような継続利用型のサービスの普及に伴って、動画コンテンツや音楽コンテンツも以前より手軽に、安価に楽しめるようになってきた。こうしたコンテンツは、以前は毎回購入するかＣＤ・ＤＶＤなどをレンタルしなければ楽しめないものだった。それが今や、月額数千円を支払えば何曲でも何作品でも見放題といった、以前と比べると圧倒的に便利なサービスとなっている。

このように生活者視点で便利でお得な変化が起きている背景には、売り手と買い手の関係性の変化がある。端的に言えば、以前よりも買い手が力を強めているということだ。

モノが不足し、満たされていない需要がたくさん存在した需要過剰・供給不足の時代においてはモノを作れるメーカーや、流通事業者の力は今よりも強かった。ある程度強気な価格設定や、親切とはいえない購入方法や解約方法であっても、そうしたサービスの中から選ぶしかなかったわけである。一方で現代はモノ余り、供給過剰の時代といわれている。人々が物質的な不足感を感じることが減り、新しいモノがどんどん売れていく時代ではなくなった。売り手の企業同士が競争をし合い、何とか買ってもらえるように努力をする時代だ。こうなると相対的に買い手の力が強くなる。選んでもらえるようにサービス品質を向上させたり、より購入しやすい仕組みや、負担が少なく継続しやすいような価格設定を考えたりする必要がある。

BtoB取引においても、SaaSと呼ばれる便利なサービス提供形態が近年急速に普及している。これは、買い切りではなく毎月の利用ベースに応じて費用を支払えばよいITシステムの形態で、解約や他サービスへのスイッチもしやすい。これも、高価で面倒だった企業が使うシステム開発の時代から、より買い手優位な時代への変化だと言える。

総人口が減少に転じた日本において、供給過剰で、買い手の力が強い時代はこれからも続くだろう。売り手である企業は引き続き、買い手のためにできる限り良い体験を、より購入しやすい価格で届けていく努力が求められていく。また強気な価格戦略を駆使していくためには、多くの買い手が欲しがり、他の売り手が提供できないような独自性のあるサービスや新製品の開発が欠かせないものとなっている。

個人も価格を決める時代

一般的には、価格を決めるのはその商品やサービスを提供する側、端的にいえば企業側の話だというイメージを持たれているかもしれない。

しかし現代は個人も価格を考え、決める時代となってきている。

まずは前述したメルカリのようなフリーマーケット・アプリ。**サーキュラー・エコノミー**（循環型経済）と呼ばれる考えに共感した取り組みが世界的にも進んでおり、一度買ったものを不要になったからとすぐ捨てるのではなく、次の人へと受け継いでいく仕組みができている。新品を店から買うのを1次流通、フリマ等で二回目の売買を行うのを2次流通と呼ぶ。フリマアプリでの2次流通で価格を決めているのは、主にアプリの一般ユーザーである個人だ。こうしたムーブメントの中で、自分が買ったものを再び販売し、その価格設定を行うという経験はこれからも増えていくだろう。

また**クリエイター・エコノミー**と呼ばれるムーブメントもある。「note」は2014年に始まり、会員数380万人（2021年3月時点）を超える、ブログが進化したようなメディアサービスだ。noteでは、文章・マンガなどを投稿するクリエイターがその作品に価格を設定し販売することができる。誰もが創作と発表を行え、そこに収益が発生することでクリエイターの活躍が広がるのがクリエイター・エコノミーだ。

クラウドファンディング・サービスの普及も、個人が価格を考える機会につながっている。クラウドファンディングとは、群衆（crowd）と資金調達（funding）合わせた言葉だ。ある個人や小さな企業が強い情熱を持ってプロジェクトを設定し、そのプロジェクトに共感した人が応援の気持ちをお金にして送ることができる。これまで一般的だった銀行から融資を得るという方法に代わって、個人から資金調達ができる方法とも言える。クラウドファンディングにはさまざまな方式があるが、募集する支援プランを決めるのも、プロジェクトを応援する金額を決めるのも個人が主役だ。

働き方の変化にも注目すべきだ。企業に勤めるのではなく独立し、さまざまな仕事を受けていくフリーランスや、本業以外の仕事を並行して請け負う副業・複業といった働き方も広がってきた。ランサーズ株式会社が発表した「フリーランス実態調査2021」によれば、広義のフリーランス人口は1670万人で、すべての労働人口の24%を占める規模となっている。

この「ランサーズ」は、そうした個人に仕事を依頼できるオンライン受発注サービスだ。100万人を超えるフリーランスが登録され、WEBページ作成や動画制作など個人のスキルを活かした仕事を発注できる。このときの仕事の報酬設定は一人ひとりが自ら設定することができ、依頼主との交渉によって決定されている。企業に勤めるのであれば個人が自ら給料を決めることはめったにない。しかし、フリーランスや副業が広がるにつれて、自分の仕事の対価を自分で考えて決める機会も広がっている。

企業に限らず、個人も価格について他人事ではいられない時代だ。

プライシングとはインセンティブのデザインでもある

プライシングは、取引の対価の設定であると同時に、インセンティブのデザインでもある。インセンティブとは、人や企業の行動変容を促す動機づけのことだ。

私たちは、自分が得する方向に気持ちを引っ張られる。同じ商品を売っている二つのコンビニエンスストアがあれば、より安く売っているほうに行きたいと感じる。水曜日だけ安くなっている映画館があれば、できるだけその曜日に合わせて映画鑑賞をしたいと考える。プライシングはインセンティブとして働き、人や企業の行動を自発的に変える力がある。

交通インフラの料金には、この行動変容のインセンティブとして設計されているものがある。例えば、高速道路の料金には、時間帯や曜日に応じた割引がある。

NEXCO東日本では、平日の朝夕の定められた時間帯に一定回数以上高速道路を利用すると、高速料金が30％または50％還元される。さらに、休日や深夜に高速道路を利用すると、高速料金が30％還元される割引もある（いずれもETC利用の場合に限り、対象道路・対象車種等の指定がある）。東京メトロが2019年にスタートしたのはオフピークポイントプロジェクトだ。朝の通勤ラッシュ時間帯を避けて乗車すれば一定のポイントを還元するといった取り組みが行われている。

こうした公共性も伴う交通サービスにおいては、収益性の向上だけではなく、行動変容のインセンティブとしてもプライシングが活かされている。プライシングによって自動車や電車に乗る人の行動を変え、時間帯を分散させてもらい、それによって渋滞や混雑をなくしていく。このインセンティブとして、価格やポイントがうまく使われている事例だ。

外食産業では、お客の少ない早めの時間帯に来店するとドリンクが安くなるという、俗に「ハッピーアワー」と呼ばれる取り組みがある。ランチとディナーの間や、ディナーでも早めの時間帯は、どうしてもレストランとしては空席が目立つ。こういった時間帯にお客を呼べるのであれば、1人当たり単価が下がっても、そのマイナス分を上回る客数を呼び込めればビジネスとしては合理性がある。早い時間に売るビールが安く造れるわけでもなく、どの時間帯でも原価は同じだ。また、お客にとっても時間の制約を除けば価値は同じものだ。ハッピーアワーは、コストや価値ベースではなく、来店時間帯を動かしてもらうためのインセンティブとしてのプライシングといえる。

近年では、ビジネスを超えて環境や政治の領域においても、こうしたインセンティブのデザインが活かされている。炭素の排出量に価格づけをする「炭素税（カーボンプライシング）」や、その排出権を取引できるような仕組みがある。狙いは、より環境負担の低いビジネスに取り組む企業や、製造工場を優遇することにある。企業が環境によい行動をとることで得をするようなインセンティブを作っているのである。国土交通省が定める燃費基準と排ガスの基準をみたした環境性能に優れたエコカーに対して税制優遇を行うような「エコカー減税」もその一つだ。

それぞれの例で見たように、人や企業がお得を感じ、インセンティブとなる対価の種類やその設計方法は多岐にわたる。価格に差をつけることだけでなく、減税や課税、クーポンや時間・時期を限定した割引キャンペーンもインセンティブとして用いることができる。現状の課題を特定し、人や企業をどのように行動変容させたいかという、インセンティブをデザインする観点もこれからのプライシングに求められてくる。

プライシングが今なぜ注目されるのか

2020年から2021年にかけて、変動料金やダイナミック・プライシングといったキーワードがニュースで目にされ、話題となる機会が少しずつ増えてきた。鉄道運賃やタクシーの料金など、これまで価格の規制が強かった領域においても急速に検討が進んでいる。2021年2月には、タクシー料金の規制を緩和し、天気や曜日で変動するダイナミック・プライシングの導入について、国土交通省の検討が要請されたことが発表された。

2021年3月からは、東京ディズニーリゾートを運営しているオリエンタルランドでも時期や曜日別の混雑度に応じた変動価格制を導入している。2021年10月にも再度のチケット価格改定を発表しており、従来は8200円だった東京ディズニーリゾートのワンデーパスポート（大人）が、7900円から9400円の価格帯で販売されるようになった。

エンターテインメント施設の売上高においては、入場チケット料に加え施設内での飲食・商品の売り上げも大きな割合を占めている。オリエンタルランドによると、東京ディズニーリゾートのゲスト1人あたり売上高のおよそ6割が飲食・商品販売収入、およそ4割がチケット収入だ。平時であれば、両者の売上高を最大化するための収入・来場者数のバランスが求められる。しかし、昨今の感染症の流行により、公衆衛生の観点から混雑を回避するためのキャパシティ・コントロールが強い制約事項となった。入場チケットについても、収入減少の抑制に加え、繁忙期のキャパシティ・コントロールの必要性も鑑みて、時期や混雑度に応じた変動料金制（ダイナミック・プライシング）の導入検討が進んだと考えられる。

第2章末のコラムで紹介する「エンターテインメント施設の価格受容帯調査」によれば、今後もしばらくエンターテインメント施設への支出はコロナ禍前の水準に戻らないと予測される一方で、施設内での特別な体験や快適に過ごすためのオプションに対しては支出額が上がる可能性が示された。今後は入場チケット価格の工夫はもちろんのこと、施設内での体験・サービスのオプション売上を増加させられるプライシング戦略、料金体系への移行を早急に検討する必要があるだろう。

このように、交通領域やレジャー領域などでプライシングへの注目が高まっていることには、どのような背景があるのだろうか。

一つには、規模の成長に限界や制約が生じてきている、ということがある。人口減少が見込まれている日本において、どの企業も国内市場をベースに規模を伸ばして成長するのは困難である。企業の売り上げは価格×販売数で決まる。販売数が伸ばせないのであれば価格、つまり顧客あたり単価や時間あたり単価を高める必要がある。鉄道においても、メーカーや小売りにおいても、規模の成長から目線を変え、どのように収益性を高めていくかは共通の課題だ。その方策として、プライシングの工夫によって、顧客満足度を保ちながら平均単価を高めることがテーマとなっていると考えられる。

さらに、コロナ禍での既存事業の大きな損失が、生活インフラを支える企業においてさまざまに生じていることも影響している。これから規模的な成長が難しくなる中で、さらにコロナ禍での需要減少やソーシャル・ディスタンス確保が必要となり、商業施設やテーマパークに従来のような人数は収容できない。そして、渋滞や混雑、行列を作るような集客方法には、社会的な制約、制限が強まっている。こうした環境変化は一過性のものとはならないだろう。規模拡大に依らず今あるアセットで収益を高めていくことや、お客様や販売員の人数を抑制しながらビジネスを継続させていく必要性が高まっている。

航空会社やホテルにおいて、提供数の決まった座席数や客室数の下で、それらを最大限に有効活用して収益を積み上げていくための取り組みは以前から重要視されてきた。購入時期やニーズによって販売価格を変動させ収益を管理する**レベニュー・マネジメント（イールド・マネジメント）**は昔から研究が重ねられている。コロナ禍でダメージを受け、規模的な成長への制約の中で収益を高めることを目指す交通やレジャー業界において、こうしたレベニュー・マネジメントに取り組んできた業界のエッセンスが求められているとも考えられる。

コロナ禍で特にダメージを受けた業界の一つに、鉄道業界がある。鉄道業界はその数十年から一〇〇年の歴史の中でごく短期的に起きた、大きな事業環境の変化に直面している。事業環境の変化やニーズの変化が起きたとき、自社の事業をいかに早く方針転換できるかというフレキシビリティ（柔軟性）は、線路の敷設や駅の開発といった事業特性を考えると非常に低いのが鉄道業界であると言えるだろう。

図1-3
事業を三つのレイヤーで考える

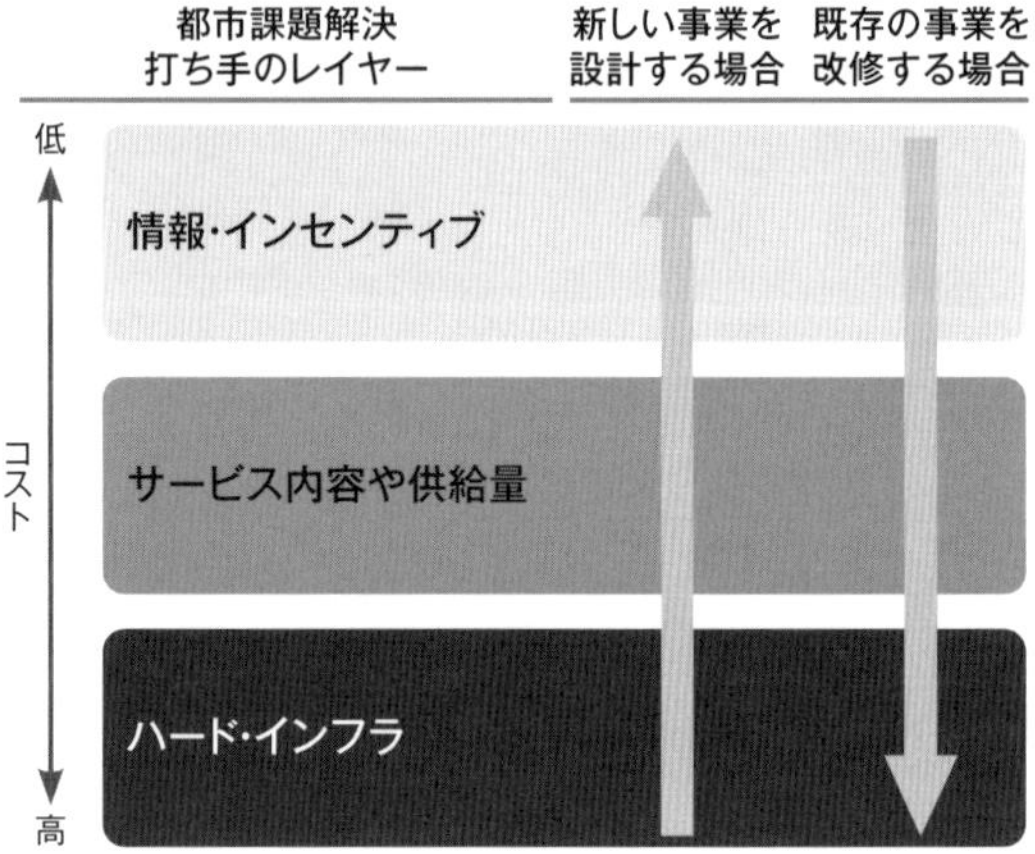

しかし、プライシングをうまく活用することで、事業のフレキシビリティを高めることは可能だ。**図1－3**のように企業として動かせる要素を三つのレイヤーに分けて考えたとき、一番重く、コストがかかるレイヤーは「ハード・インフラ」の変更だ。新しい駅を作る、新しい路線を開設するといった、数年から十数年もかかるような取り組みだ。

次にコストがかかるレイヤーは「サービス内容や供給量」の変更だ。鉄道でいえば特急電車の便数の増減や、ダイヤの変更がこれにあたる。実際にダイヤの見直しは定期的に行われており、コロナ禍での緊急事態宣言期間などにおいては、便数や終電時刻の変更などに各社が取り組んでいた。こうした変更は、線路の敷設等と比べるとはるかに軽く、早い。それでも、毎日変えるようなことは難しく、1回変えるためには十分に時間をかけた検討やオペレーションの調整が必要なものだ。

次のレイヤーが、「情報・インセンティブ」の変更だ。三つのレイヤーを比べたとき、このレイヤーが一番フレキシビリティが高い。つまり低コストですぐに変えられるという特徴がある。需要の変化に合わせ、日によって価格を変える、人によって届ける情報を変えるといった施策は、サービスオペレーションやインフラの変更なしに行える。

これまで、鉄道業界は価格やインセンティブのフレキシビリティをそれほど確保してこなかった。数年単位での環境変化を読み、応える形で、ダイヤの変更や時に路線の拡充を行うだけで成長することができていたからだ。しかし、コロナ禍で露わになったのが、市場の急変に対して強い業界と、弱い企業の業界の差であろう。ハード・インフラを容易に変えられない中でフレキシビリティを高めなければいけないという企業としての課題意識が、価格やインセンティブのレイヤーに目を向かせている。

前述した鉄道、タクシー、そしてレジャーをはじめとするさまざまな業界において、近年、特にコロナ禍の2020年以降にプライシングが注目されているのにはこのような背景がある。

プライシングの伸びしろは大きい

プライシングの影響範囲は、これまでイメージされてきた範囲よりもずっと広く、深い。一つは売り手と買い手の間、B to B（企業と企業）、B to C（企業と個人）それぞれの関係において、取引の成功率やお互いの関係性、行動変容までもたらす影響だ。本章で見てきたように、プライシングで考えるべき項目は多岐にわたり、企業の優位性をも変えることがある。

企業1社を超えて、業界の負や課題解決にもつながっていく。物流など、人手不足や過剰な忙しさが課題とされているような業界において、プライシングによって顧客の行動変容が起き、需要が平準化されていくと、業務効率が高まる。労働環境や供給不足の改善が進み、業界自体の持続可能性が向上していく。

そして、一つの業界を超えて、地球全体のイシューであるサステナビリティの範囲までインパクトをもたらせる潜在可能性がある。すでに炭素排出量や食品ロスの削減といった目的のためにプライシングが用いられ始めている。限られた資源で業界や社会を回す妨げとなっている大きなムダやロスの解消に、プライシングの工夫と発展が有効な可能性があり、ここには大きな伸びしろがある。

一方で、マーケティング・ミックスの4大要素の、プロダクト、プレイス、プロモーションと比べて、プライスは、その戦略や技術の成熟が大きく遅れた状態にある。企業において宣伝部やマーケティング部門が設置されているのはごく一般的であるのに対し、プライシングの部門が稀であることもその現れの一つだ。インパクトが大きいにもかかわらず未成熟な領域であり、社会や企業がプライシングをうまく活かせているとは言えない状態だ。

成熟が難しかった理由の一つに、プライシングの個別性の高さがある。企業によって、商品によって、さらには時期によって異なる戦略が必要になり、実際に設計される価格の方式やフレームも多様になる。ここにさらに新しいテクノロジーが用いられ、より細かく変わっていくとなれば、戦略の難易度が高くなるのも仕方がない。

プライシングは個別性が高い一方で、本書で紹介するように、共通化や体系化し得る領域も多くある。これまでは各企業の暗黙知となっていたプライシングの体系化が進み、共通言語ができていけば、知識と経験を持った人々が集まり、集合知を築いていけるはずだ。プロモーションや営業、事業戦略といったテーマでは数多くのセミナーや勉強の機会があり、書籍も多数流通している。一方で、プライシングに関してはまだまだ出ている情報が少ない。各社の取り組みが進み、情報がオープンになることで、プライシングは大きな発展を見せるだろう。

プライシングはサイエンスであり、アートでもあるといわれる。部門横断的、総合芸術的な難しさがあるのだ。

理想的には、企業がプライシングの発展に取り組むには、戦略を考える人物だけでなく、データ分析に長けた人物、買い手にどう届けるかというコミュニケーション・

デザインを担う人物、新たなプライシング手法を技術的に実現可能にするエンジニアといった4つの専門性が必要だ。戦略、データサイエンス、デザイン、エンジニアリングという部門、人材を確保し、その力を結集させていくことは簡単ではない。

一方で、各業界が新しいプライシングを推進していくなかで、こうした専門性を持つ人材が必要とされる市場機会も大きくなる。広告が一つの産業となっているように、プライシングも新たな産業として大きなものになれるはずだ。

第1章のまとめ

- あらゆるモノやサービスの売買には必ず価格がつけられている。「価格」とは売り手と買い手の合意によって決めた商品の価値のことであり、「プライシング」はそのプロセスである。
- 狭義のプライシングとは、買い手の「払ってもいい額の範囲」と売り手の「売ってもいい額の範囲」が重なる範囲を見極めて、価格を設定することだ。
- 「払ってもいい額」は買い手個人の価値観や、その状況によっても揺れ動く、相対的で流動的なものである。商品のコストや売り手の視点から考えたプライシングでは、買い手の「払ってもいい額」やその変化を見落としてしまう場合がある。
- 企業だけでなく、個人もプライシングに関わる時代だ。
- プライシングはインセンティブとして、人や企業の行動変容を促す。混雑の解消や、サステナビリティの向上への働きをも期待されている。

第2章

価格の歴史

一律価格から「時価」「1 on 1」の時代へ

価格とはどのように誕生し、発展してきたのだろうか。
この章では、お金の起源までさかのぼり価格の歴史を振り返っていく。価格の過去を知り、現在を知ることで、より自由に「新しい価格」を想像していけるはずだ。

歴史を研究するのは、未来を知るためではなく、視野を拡げ、現在の私たちの状況は自然なものでも必然的なものでもなく、したがって私たちの前には、想像しているよりもずっと多くの可能性があることを理解するためなのだ。

ユヴァル・ノア・ハラリ著、柴田裕之訳『サピエンス全史 上下合本版』（河出書房新社）

46〜47ページの**図2―1**は価格の歴史を俯瞰した年表だ。経済の発展とともに、価格もその形を変えてきた。価格のつけられ方に着目し、筆者が整理した三つの時代区分は次のとおりだ。

・個別交渉をしていた「価格1・0の時代」
・一律価格がつけられる「価格2・0の時代」
・変動価格とテクノロジーが採用される「価格3・0の時代」

これらの時代を順を追って見ていこう。

価格1・0の時代　個別交渉

価格の歴史は貨幣の登場前、物々交換の時代にさかのぼる。

よく言われるように、経済の原始でもある商取引の歴史は、物々交換から始まった。例えばAさんがリンゴを、Bさんが魚を持ち寄り、交換することでそれぞれが必要なものを入手していた時代である。直接観察できるわけではないが、この時代においてもリンゴ2個で魚1匹と交換できるなど、物の価値の高低の概念はあったはずだ。

つまり、そこには個数の交渉や価値の評価が存在する。自分の持っている財と相手の持っている財の価値を値踏みし、交渉して、合意があれば取引成立というのはこの時代から変わらない営みなのである。


貝殻のお金が誕生したのは紀元前1600年頃とされており、お金には3600年

図2-1 価格の歴史年表

①個別交渉の時代

年代	世紀	歴史区分	経済史	戦略の歴史	価格の歴史
BC	-1	古代	レバント地方に工場、営利を目的とする組織が存在(BC4000)	ギリシャでストラテゴスの誕生(BC501) 孫子の兵法体系の成立(BC500〜)	貝殻のお金誕生(BC1600)
1200	13		トマス・アクィナス「神学大全(公正価格)」		
1300	14	中世			(英)アサイズと呼ばれるパンとエールの価格統制 「すべてのものには妥当な価格が一つしかない」というのが中世の考え方
1400	15		グーテンベルク印刷機登場		
1500	16		マニュファクチュア(工場制手工業)の始まり		
1600	17	近世	プロト工業化の時代 初の中央銀行イングランド銀行の設立		(日)三井越後屋呉服店「現金安売り掛け値なし」→正札と呼ばれる値札をつけ始めた (英)法定価格や規制よりも自由な競争のほうがプラスになることに人々が気づき始める
1700	18		産業革命の起こり アダム・スミス「国富論(Invisible Hand)」	小規模な市場参加者が自然と確立	世界最古の値札(1750) ロンドン橋の小物問屋で商品に値札をつけた
1800			資本主義・市場経済の確立 ジュール・デュピュイ(需要曲線と限界効用)	ナポレオン クラウゼヴィッツ『戦争論』 ジョミニ『戦争概論』	小売商品の価格はほとんど固定されておらず、各顧客は店員と交渉。例外はクエーカー教徒 1840年代、目玉商品に格安の値段をつけてウィンドーに飾る習慣も
1850	19	近代	資本主義・市場経済の確立 ライン生産方式による大量生産の始まり アルフレッド・マーシャル『経済学原理(需要と供給で価格が決まる)』(1890) マルクス『資本論』 中央銀行が管理する通貨制度の確立 水運、鉄道、電信の発達	ロックフェラーのスタンダード・オイルによる独占と寡占 近代的な大企業が大規模な組織運営へ	値札の発明(1870頃) (米)フィラデルフィアのワナメーカーとニューヨークのメイシーズという百貨店で固定値札を導入 (米)独占禁止法、シャーマン法の成立(1890) 再販制度が禁止され、原則として価格を決めるのは小売業者となった
1900			ヘンリー・フォード「T型フォード」 クレジットカードの誕生		
1910				ランチェスターの法則 リデル・ハート『間接アプローチ戦略』 フレデリック・テイラー 『科学的管理法』	

②一律価格の時代	1920	20		(米)消費社会の始まり　ハーバート・フーヴァー「一家に2台のマイカー」を選挙公約に		
	1930			コンピュータの誕生(チューリングマシン)	ホーソン実験「組織や人間関係の重要性認識」 ジョーン・ロビンソン『不完全競争の経済学』	ピグー「価格差別の分類(Economics of Welfare 1932年)」
	1940			(米)テレビ放送の開始	ピーター・ドラッカー『企業とは何か』	
	1950			(日)テレビ放送の開始		
	1960			経済成長期 池田内閣「所得倍増計画」	アルフレッド・チャンドラー『組織は戦略に従う』 イゴール・アンゾフ『企業戦略論』	フィリップ・コトラー、マッカーシー「マーケティングミックス 4P」の提唱 (日)メーカー優位の価格決定「標準小売価格」導入 (日)メーカーと小売りの価格決定権争い
	1970			(日)消費社会の到来 マイクロソフト(1975)設立	BCGマトリクス ビジネススクール、MBAの広がり	Van Westendorp「PSM分析」
	1980			日本企業が米国市場で大きなプレゼンス パルコ文化、消費の時代	マイケル・ポーター『競争戦略』「SCPモデル(産業構造と企業戦略)」『競争優位の戦略』 『エクセレントカンパニー(企業内部要因の重要視)』	アメリカン航空「イールドマネジメントの始まり」 「コンジョイント分析」の普及
	1990		現代	Felica→Suicaの誕生 paypal設立(1998) wwwの誕生 ウェブブラウザの誕生 Amazon (1994) eBay (1995) Google (1998)	資源ベース理論『コア コンピタンス経営』 野中郁次郎「SECIモデル(知識ベース)」 クレイトン・クリステンセン『破壊的イノベーション』 デイヴィッド・J・ティース『ダイナミックケイパビリティ戦略』	ホスピタリティ業界「レベニュー・マネジメント」の普及 マッキンゼー「ポケットプライス」の提唱 環境へのプライシング活用、炭素税の導入開始 ロータボーン「マーケティング2.0(4C)」の提唱 (日)小売り優位の価格決定「オープン価格」 (日)航空運賃の自由化が進行
	2000			Facebookの登場(2004) iPhone誕生(2007)でスマホの時代へ リーマン・ショック(2008) ビットコインの誕生(2008)	W・チャン・キム『ブルーオーシャン戦略』 A/Bテストの普及　バラク・オバマの大統領選でも活用(2007)	フリーミアムモデルが定着 レディオヘッド「In Rainbows」が購入者が価格を決める形式で発売(ポスト・プライシングの事例) Amazonの商品価格テストが論争を呼ぶ ダン・アリエリー『予想どおりに不合理』(行動経済学、アンカリング効果)
③変動価格の時代	2010	21		第三次AIブーム	エリック・リース『リーン スタートアップ』	(米)スポーツ界で「ダイナミック・プライシング」が開始 Uber、ライドシェアで「サージプライシング」を導入 (米)ディズニー、ユニバーサルスタジオで変動価格スタート(2016)
	2020			新型コロナウイルス感染症の流行	野中郁次郎『ワイズカンパニー』	日本のスポーツ、テーマパークで変動価格がスタート
	2030					

の歴史がある。しかし今からほんの150年ほど前まで、小売商品の価格は固定されておらず、買い手は売り手と交渉して購入していた。つまり、お金が生まれてからの約3500年間は、価格といえば個別交渉が中心の時代が長く続いていたことになる。これを「価格1・0の時代」と呼ぼう。

この慣習は国や業界によっては今でも続いている。海外旅行をしたときのマーケットや露天商を想像してほしい。商品に値札はなく、そのタイミングの交渉で決まる。そろそろ売り切って店仕舞いしたいタイミングであれば値引きに応じてもらえるかもしれないし、相場を知らない旅行者だなと思われたらかなりの高額を提示される可能性もあるのが当たり前だ。訪問者である私たちも、ある程度は仕方ないと割り切っているところもあるだろう。

日本ではタクシーの料金はメーターで明確に定められているが、国によってはいわゆる白タクやバイクタクシーなど乗るときに価格交渉が前提のこともある。第1章で見たメルカリの例も、アプリを介して行われる個別交渉だ。お金の誕生以来長く続く個別交渉の慣習は、今でも場所によっては自然な価格決定方法だ。

このような一回一回の個別交渉は、日本でも法人間の取引などでは営業活動として日常的に用いられている。これはいわゆるB to C型の、多くの人々に対してサービスや物を販売するビジネスではあまり見られない。それに比べてB to B型の法人間取引では買い手の数がある程度限られているがゆえに、各取引に対して時間や営業・交渉コストをかけられるわけだ。

このように振り返ると、価格の歴史において、お互いの関係性や状況によって価格が個別に決まるということは、実は長期にわたって自然なあり方だった。この個別交渉の時代とは、いわば一回一回の取引において、売り手にとっても買い手にとってできる限り満足できるように努力と工夫をしていた時代だ。取引ごとの利得を相互に最大化できるチャンスがあった一方で、大きく効率性が失われていた状態とも言える。一件一件交渉していくのは時間がかかり、とにかく効率が悪い。それゆえ次代の手法が必要になっていった。

価格2・0の時代　一律価格

商品に値札がつけられ誰から見ても価格がわかるようになったといえば、17世紀の三井越後屋呉服店による「現金掛け値なし」商法が思い浮かぶ。さらに時代を下り、1870年頃からアメリカのワナメーカーやメイシーズといった小売店で定価・値札販売が導入されたのを契機に商習慣として広く定着したといわれる。この、私たちに馴染みの深い一律価格の商慣習が中心的な時代を「価格2・0の時代」と呼ぶ。

それまでの時代は、個別の交渉を上手にこなし、その時々の利益を確保することが小売店員の必要スキルとされていた。しかし、新たな店員が交渉スキルを習熟し、経験豊富な顧客をさばいていくことは簡単ではない。そのため、固定の価格が書かれた値札を商品につけ、価格に関する交渉を大きく減らしたとされている。

この頃、19世紀後半というのは、次のような出来事が起きていた時代だ。

・ライン生産方式による大量生産の始まり

ライン生産方式とは、流れ作業とも言われるような、単一商品を大量に効率的に組み立てる方式のこと。19世紀後半から椅子や自転車の製造に用いられ、有名なフォード社による自動車のベルトコンベア式組立ラインは1913年に導入されている。

・通信販売、チェーンストア、大規模小売店の台頭
・近代的な大企業、大組織運営の始まり

大量生産が可能になっていくのに合わせて、交通や通信インフラの発達により一つひとつのビジネスの規模がローカルからより広範囲へと拡大していった。

一八四〇年代まで、米国では依然として伝統的、小規模な企業が各地に点在しており、それを貿易商が結びつけていた。それが一八五〇～六〇年代になると、水運や鉄道、そして電信の発達により、次第に地域を越えて遠方から商品を買いつける、あるいは遠方で商品の販売を行うような企業が発達し始めた。そして一九世紀の後半には、いわゆる近代的な大企業が、地理的な隔たりをつなげて大規模な組織を運営するようになる。一八七〇～八〇年には、通信販売、チェーンストア、大規模小売店が台頭し、全国規模で展開を始めた。これにより、それまで国家や大商人しか持ちえなかった巨大組織が、市場に当たり前のように存在することとなる。

琴坂将広『経営戦略原論』（東洋経済新報社）

それまでの伝統的な小規模店舗から、ビジネスの基本形が大きくシフトしていった時代である。大量に生産し、ある程度の規模を持ってビジネスを効率的に拡大していきたい。こうした背景から、消費者との取引の効率化のためにも商品に固定的な価格をつけるという商慣習が始まったと考えられる。ここから今日までの、あらゆるものに値札がつき、買い手はそれを見れば価格がわかるという時代が始まる。

企業の売り上げは価格×販売数で決まる。では価格が固定化されたとき、売り上げを伸ばすための企業目標はどこに向かうだろうか。当然、それは販売数となる。企業やマーケティング戦略においては、販売促進が第一目標となり、それを動機として20世紀〜21世紀に広告の手法や技術は大きく発展した。今日の、コンバージョン（成約数）を最重要視したマーケティング思考に行き着いたのも自然の流れである。

価格は固定的なものになり販売の効率は大きく増したが、状況や買い手の違いによる「払ってもいい額」の変化と実売価格の間にギャップが生じることもある。価格1・0の時代とは反対に、効率性が重視される一方で、取引ごとの利得を相互に最大化できるチャンスは減ってしまった。個別の利益獲得の努力、価格最適化の余地は、価格2・0の時代のビジネスにおいて見落とされてきた盲点だ。それを伸びしろと捉えたことで、後述する価格3・0の時代が始まっていく。

価格2・0で発展したプライシングの技術や理論

価格2・0の時代に入り、価格設定において個人の交渉スキルに依存することは減っていく。より効率的に収益を最大化するためのプライシング手法が求められ、買い手に対するリサーチや、競合商品とのポジショニングから考えていく方法論が編み出されていった。歴史順に、今も活用されている手法を紹介する。

■1960年代には、エドモンド・ジェローム・マッカーシーやフィリップ・コトラーにより、有名な「マーケティング・ミックス、マーケティングの4P」が提唱された。

この本でも度々紹介しているマーケティング・ミックスとは、マーケティング戦略における実行フェーズにおいて、基本ツールとなる4Pを組み合わせることでより高い成果を目指すこと。4Pとはプロダクト、プライス、プレイス、プロモーションのこと。このプライスの中には、金額以外にも買い手が負担する時間や労力などのコスト全体の検討や、割引条件・支払い方法の設定など、総合的な設計の必要性が示されている。

図2-2
価格感度分析（PSM）のイメージ図

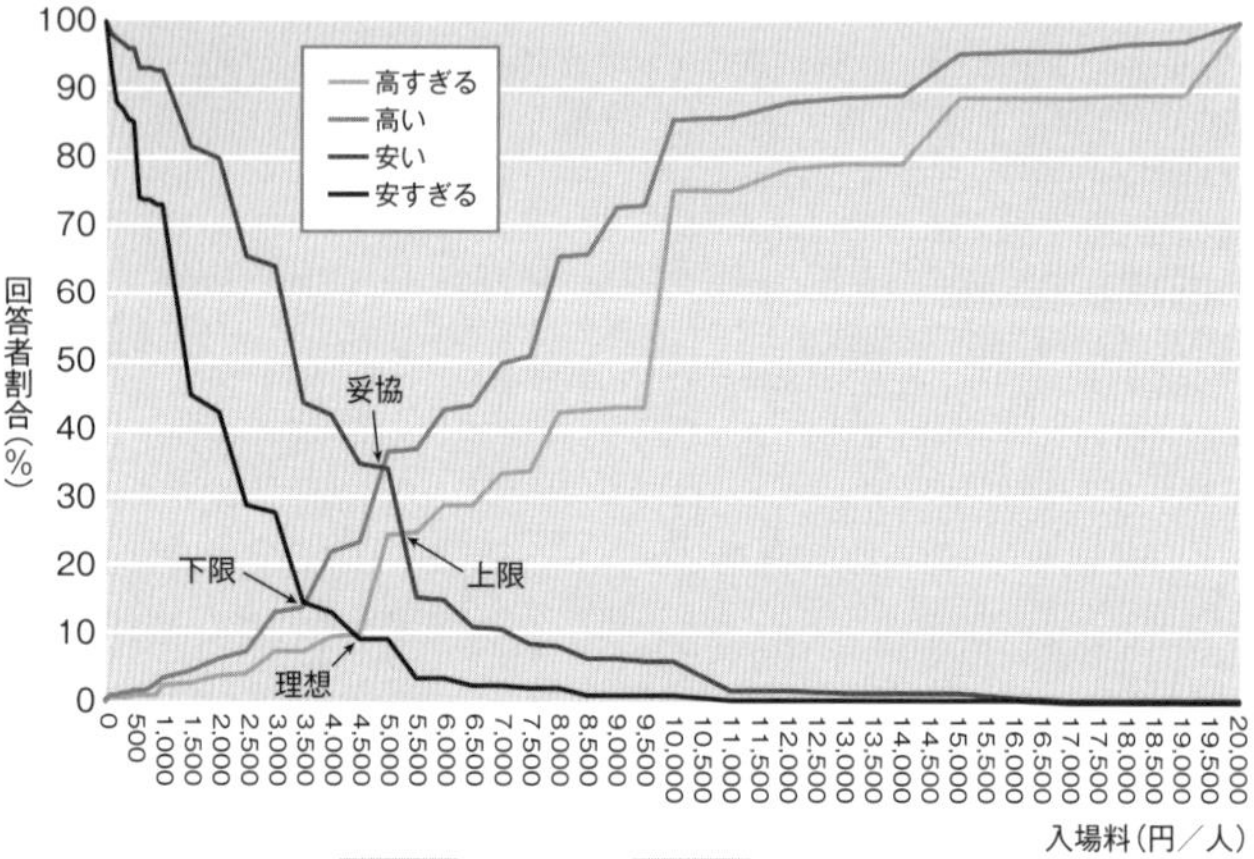

下限価格：3,500円　**妥協価格**：4,800円
理想価格：4,500円　**上限価格**：5,200円

■1970年代に発明された「PSM分析」

PSMとはPrice Sensitivity Meterの略で、価格感応度の分析ともいわれている。オランダの経済学者Van Westendorpによって発明された適切な価格設定範囲を見定める方法だ。商品やサービスの購入者に対してアンケート調査を行い、四つの価格の閾値について質問を行う。具体的には、①高すぎて買えないと感じる価格、②安すぎて質が不安になり買えないと感じる価格、③少し高いと感じる価格、④少し安いと感じる価格、の回答を得る。回答データをグラフ化することで（**図2-2**）、妥当だと考えられる価格帯を導き出すことができる。新商品でも既存商品でも用いることができ、現在でも市場

図2-3
コンジョイント分析の例

A	
家賃	15万円
駅徒歩	5分
エレベーター	なし

B	
家賃	15万円
駅徒歩	15分
エレベーター	あり

C	
家賃	10万円
駅徒歩	15分
エレベーター	なし

D	
家賃	10万円
駅徒歩	5分
エレベーター	あり

調査企業のサービスなどとして提供されている（91ページのコラムも参照）。

■1980年代に「コンジョイント分析」が普及

コンジョイント分析とは、市場調査で用いられる統計手法の一つだ（**図2－3**）。商品やサービスを構成するさまざまな属性、例えば機能や容量、価格などを、買い手がどのように評価するかを判断するのに役立てることができる。80年代に米国企業で普及した。

私たちは、ある一つの商品特性だけを見て購入を決めているわけではない。細かく意識しているわけでなくとも、機能の違い、量の違い、提供方法など、さまざまな要素が複雑に絡み合って検討した上で、私はこれが欲しいという判断をしているはずだ。コンジョイント分析は、そうした要素のセットを複数提示して、どのセットが望ましいかを選択してもらうアンケート調査を基点とした分析だ。

　そうした購買意欲に影響する要素には、当然ながら価格も含まれている。「この商品は何円がいいか？」と単体で質問しても良い回答が引き出せないときにコンジョイント分析は有効とされる。また、商品の各機能や容量と価格がそれぞれどの程度購買意欲につながっているかを分析でき、商品パッケージ開発に活かせることも利点だ。

■1990年代に登場した「マーケティング2・0、マーケティングの4C」

マーケティング・ミックスの4Pが売り手目線に寄っているのではないかという指摘のもと、それぞれを買い手目線へとアップデートした考え方が「マーケティングの4C」だ。ロバート・F・ローターボーンにより提唱された。

4Pに対して、4Cの考え方は次のとおり。

製品（Product）　→　価値（Customer Value）
価格（Price）　→　コスト（Customer Cost）
場所（Place）　→　利便性（Convenience）

宣伝（Promotion）　→　コミュニケーション（Communication）

売り手目線でどのような製品をどのような価格で売るか、ではなく、買い手目線で本質的に求めている価値や、その入手コスト、利便性などから先に描き、マーケティング戦略を組み立てていく。価格は買い手から見るとコストであり、金銭的な対価以外にも、時間コストや心理的な負担も含めて想定すべきだとされている。

■2000年代に「フリーミアムモデル」が誕生

フリーミアムとは、アメリカのベンチャーキャピタリスト、フレッド・ウィルソンによって定義されたビジネスモデルであり、価格戦略の一つでもある。便利なサービスを無料で提供し、多数のユーザーを獲得しつつ、高付加価値のある有料プランを提供していくモデルだ。

2009年にはクリス・アンダーソンが著書『FREE〈無料〉からお金を生みだす新戦略』（NHK出版）で紹介したことでも話題となった。クリス・アンダーソンは自らこの本でフリーミアムモデルを実践し、デジタル版を期間限定で無料公開もしている。

フリーミアムモデルの代表例の一つに、ビジネスSNSのリンクトインがある。リンクトインは、フェイスブックやミクシィを仕事の交友関係や転職活動などに特化させたようなソーシャルネットワークサービスで、基本的なサービス利用には料金がかからない。無料で便利なサービスで多数のビジネスユーザーを集めたうえで、積極的な採用活動や営業活動に用いたいユーザー向けには上位の有料プランを提供することで収益化を行っている。

より一般に身近なところでは、ソーシャルゲームと呼ばれるような基本プレイ無料のゲームアプリで、このフリーミアムモデルが採用されていることも多い。無料で遊べる範囲と、有料で追加アイテムなどを購入して拡充できる範囲があり、一部のユーザーからの支払いで収益化しているサービスだ。

フリーミアムモデルや、無料サービスの広がりには、インターネットやデジタル技術の普及という背景がある。スマートフォンアプリやインターネットを通じて提供されるサービスは基本的には変動費が低く、全世界に低コストで届けることが可能だ。それゆえに多くのユーザーに「無料」という最強の価格設定を提示することができる。デジタルサービスの浸透に合わせて、無料も選択肢としたプライシング設計を考えていくことが企業の定石となりつつある。

価格3・0の時代 変動価格

150年ほど続いてきた一律価格の時代で、一部の業界・領域から少しずつ生まれ、広がりを見せている潮流がある。それが、その時々で最適な価格に変更していく、変動価格だ。今まさに始まりつつあるこの変動価格が普及する時代を「価格3・0の時代」と呼ぶ。

1870年頃に生まれた値札という商慣習で、価格設定と販売における効率性は高まっていった。一方、過去には個別交渉の中で行っていたような状況や買い手に合わせた工夫の余地は減っていく。一つひとつの取引を細かく工夫することに比べ、場合によって機会損失が発生することとなる。

例えば季節や日によって需要が異なってくるようなサービスがある。特に航空券やホテルなどキャパシティ提供数の限られているビジネスでは収益向上のため、一律ではない価格設定のニーズが増していった。こうした業界が変動価格やレベニュー・マネジメントといった手法にいち早く着目し、その方法論を確立していく。

第1章で見たように、近年、この変動価格の適用範囲は広がりを見せている。人口の減少、キャパシティの抑制など、規模的な成長に制約の強まる業界が、以前よりその課題に向き合ってきた航空・ホテル業界が育んできた手法に目を向けている。供給量が固定的なこれらの業界が、今あるアセットを最大限有効活用し、どのように収益を作る工夫をしていったかというのは、これから変動価格を考える業界や企業にも参考になるはずだ。

この変動価格のベースとなっているのは、「**価格差別**」という経済学の考え方だ。実は、状況や買い手によって販売価格を変える「価格差別」は、経済学の世界では20世紀前半から提唱されてきたものである。しかし、個別に価格を変えて提示することができる条件や、その実施コストから鑑みて、一部の業界での限定的な活用に留まっていた。それが現在では自動化やデータ分析のテクノロジーの発達によって、多くの業界や商品で実現可能なレベルになってきたのである。

価格差別とは、同じ商品やサービスを、異なるニーズを持つ買い手に対して、違った価格をつけて販売する価格戦略のことだ。価格を一つだけつけて販売するときに比べて、より多くの収益を得ることができる（**図2-4**）。

図2-4
価格差別とは

単一の価格で販売した場合

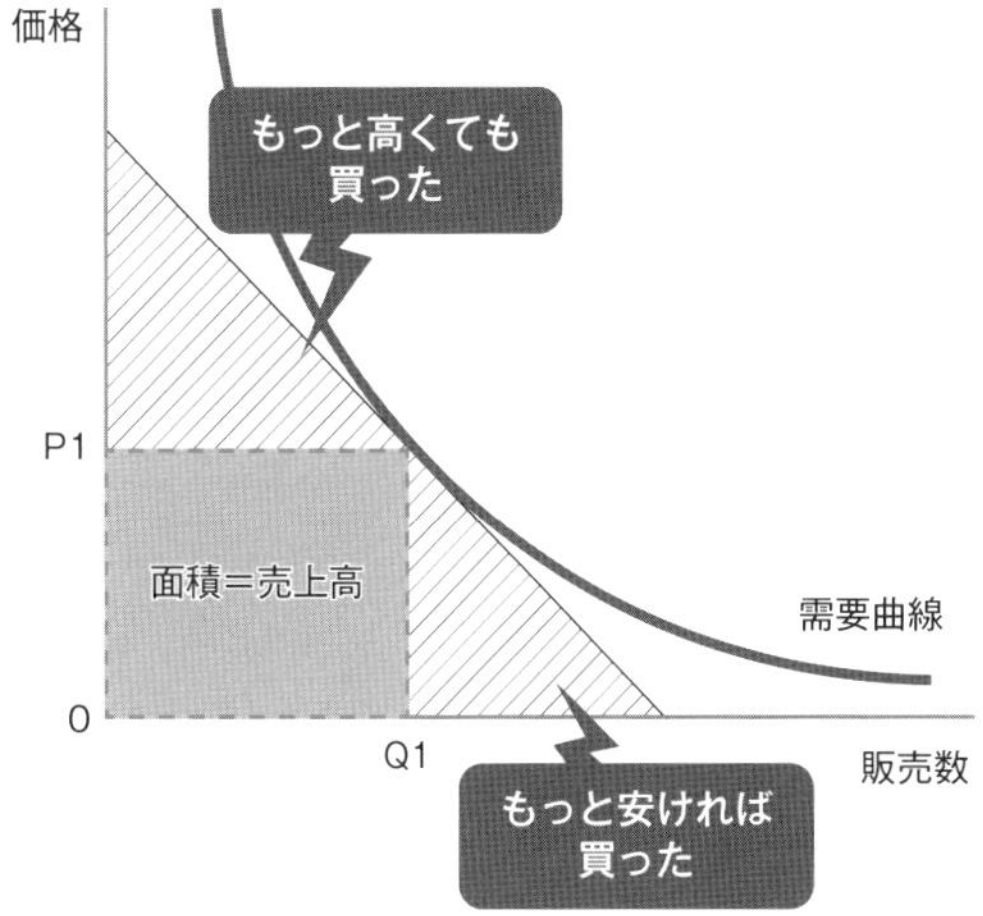

複数の価格で販売した場合

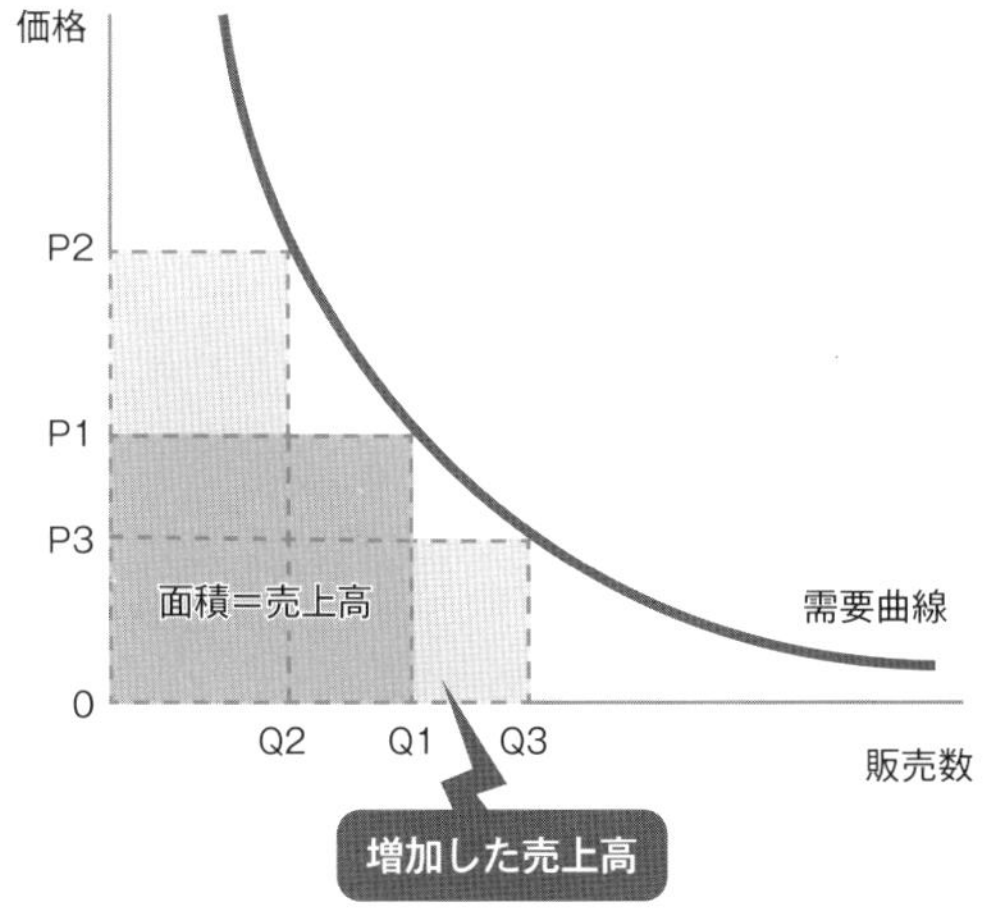

価格差別は、その程度感によって三つのレベルがあるとされている。イギリスの経済学者アーサー・セシル・ピグーによって1932年の著書で行われた分類は次のようなものだ。

■一級の価格差別

パーソナライズや、**ワン・トゥ・ワン・マーケティング**ともいわれるように、買い手一人ひとりに対して、異なる最適な価格で販売することを指す。

これを実現するためには、売り手が各買い手の「払ってもいい額」を正確に知る必要がある。理論上は最も収益性の高いプライシングとなるが、実際に取り組むことは簡単ではない。

■二級の価格差別

商品やサービスに複数のバージョンを作り、それぞれを異なる価格で販売するのが次のレベルだ。これには**ボリューム・ディスカウント**と呼ばれる、購入量によって異なる単価設定も含まれる。

売り手から見て、各買い手の異なるニーズを区別することが難しい場合に、あらかじめ商品やサービスのバージョンごとに違う価格をつけておくことで、買い手に選んでもらうことができる。いわば、メニュー設定による価格差別だ。

■三級の価格差別

買い手のグループによって異なる価格を設定するのが次のレベルだ。最もイメージしやすいのは「学割」や「子供料金」が設定されているような映画館やテーマパークの例だろう。また、鉄道の運賃も、毎日通勤で乗車する人に向けた通勤定期券、ときどき乗る人に向けたきっぷ、観光客に向けた1日券など、同じサービスなのに買い手によって異なる価格が設定されている例だといえる。

変動価格の例として見てきた、航空券やホテルのシーズンや日時によって変わるプライシングもここに該当する。ピーク時のお客と、オフピーク時のお客によって異なる価格を設定しているわけだ。ほかにも、電気料金や、駐車場、レストランなどでこうしたプライシングが用いられている。

これらの業界も、収益の最大化を図るならば、究極的には一級の価格差別にあるよ

図2-5
三つの時代変遷

	個別交渉の時代 価格1.0	一律価格の時代 価格2.0	変動価格の時代 価格3.0
価格の変動	**多い**	少ない	**多い**
販売の効率	非効率	**効率的**	**効率的**

うな完全にパーソナライズされたプライシングを目指すことになる。ただ、実際には各個人の「払ってもいい額」を窺い知ることは難しいため、メニュー設計や学割、ピーク料金の設定などで次善策的に創意工夫しているともいえる。

変動価格や、その方法論で、あとに紹介するレベニュー・マネジメント、ダイナミック・プライシングといった概念も同様だ。理論上の理想形であるこの価格差別を、ビジネスで実践できる範囲に落とし込む挑戦なのである。

ここまでの三つの時代変遷をまとめると**図2-5**のようになる。

価格3・0で発展したプライシングの技術や理論

一律価格と比べると短いが、この変動価格の時代にも歴史と変遷がある。

■1980年代にアメリカン航空が「イールドマネジメント」をスタート

アメリカでは1970年代の終わりに航空業界の規制緩和が行われ、航空会社が自由に料金を設定できるようになった。各社が市場シェアの奪い合いで料金を下げ、競争が激化するなか、アメリカン航空は冷静かつ論理的に、単価と販売座席数のバランスを取る調整業務に取り組んだ。航空券の運賃を変えながら販売し、1便ごとの収益の向上を目指したのだ。当時のアメリカン航空のCEOロバート・クランドルはこの戦術によって年5億ドルがもたらされたと見ている。

クランドルはこの新しいミクロマーケット戦略に名前をつけたいと考えた。まず「レベニュー（収益）」という言葉が浮かんだが、この言葉はすでに財務部が用いていた。そこで、「イールド（実収入単価）」というのはどうかと考えついた。これは航空業界用語で、乗客一名の飛行距離一マイル当たりの利益を指す言葉だ。彼は新しい戦略を「イールド・マネジメント」と呼ぶことにした。これが今日の収益管理のはじまりだった。

（儲からない時代に利益を生み出すRM（収益管理）のすべて―1998/10/1　ロバート・G・クロス）

■1990年代にホテル業界でレベニュー・マネジメントが普及

アメリカン航空の成功を受けて、マリオット、コートヤードなどのホテルブランドを持つマリオットインターナショナルは、自社のマーケティング戦略にイールドマネジメントを組み込むことを目指した。ホテル業界は航空会社と同様に、固定的な在庫、価格競争、需要の変動などのビジネス特性を有している。マリオットでは独自のレベニュー・マネジメントシステムを構築し、担当組織も設立。この成功により、マリオットの年間収益は1990年代半ばまでに1・5億ドルから2億ドル増加した。

これらの取り組みを皮切りに、航空会社やホテルではレベニュー・マネジメントの専門部署やシステムが設置されるようになり、収益を左右する重要な業務として位置づけられていった。

■2000年代にEコマース領域でも活用が広まる

アマゾンは書籍、日用品、ファッションなどのアイテムを取り扱う、世界最大のEコマースサービスだ。世界中から、数多くの出店者と購入者が集まるマーケットになっている。アマゾンは出店者向けにオートメート・プライシングという価格設定支援機能を提供している。この機能を使うと、出店者はある商品（例えばモバイルバッテリー）の価格を、販売状況に応じて自動的に変動させることや、他の出店者の設定している最低価格に合わせることなどが簡単に行える。

アマゾンは以前より、こうした価格変動のためのテストに取り組んできた。2000年にはその価格テストが大きな話題を生み、当時のCEOジェフ・ベゾスが謝罪の声明を出すまでに広がったことがあった。あるDVDの価格が、ほぼ同じタイミングにもかかわらず、サイトを閲覧する人によって異なる価格で提示されていたことが問題視されたのだ。声明によれば、これは世代や性別、人種などの人口統計情報に基づく価格差別ではなく、完全にランダムな価格テストだった。アマゾンは過去、そして今後も、人口統計情報に基づいた価格テストは行わないと発表している。

■２０１０年代はダイナミック・プライシングに注目

米国スポーツ業界ではＱｃｕｅという企業によってチケットのダイナミック・プライシングがサービスを開始。２０１０年には、メジャーリーグベースボールのサンフランシスコ・ジャイアンツがＱｃｕｅの技術を用いて会場全体にダイナミック・プライシングを導入している。Ｑｃｕｅは、Fast Companyが毎年選出する〝世界で最も革新的な企業２０１３年〟にも選ばれた。これはスポーツ領域ではＮｉｋｅとＮＢＡに次ぐポジションだ。

交通業界では、タクシーと近いライドシェアサービスのＵｂｅｒがダイナミック・プライシングに積極的だ。Ｕｂｅｒは社内に経済学専門家を迎え入れ、「**サージプライシング**」という瞬間的な需給状況に応じた運賃変動を開発し、発展させている。

エンターテインメント、テーマパーク業界でも変動価格の導入は進む。米ディズニー、ユニバーサルスタジオでは入場料金の変動制が２０１６年よりスタートした。カリフォルニアのディズニーリゾートでは、大人１日入場券の料金が日によって１０４～１５４ドル（２０２０年現在）の間で変動している。

プライシングは時間軸、そして個人軸へと発展

第1章で見たように、商品に対する需要や買い手が「払ってもいい額」は、状況や人の価値観によって変化する。価格差別という戦略をベースに、その変化や差を捉えようとする取り組みが変動価格だ。

この変動価格の発展は、二つの軸で整理するとわかりやすい。時間軸での変化と、個人軸での変化だ。ここでは、時間軸で変わる価格を「ダイナミック・プライシング」、個人軸で動くものを「パーソナライズド・オファー」と定義する。例えば、日付で入場料を変える米ディズニーの取り組みは時間軸のダイナミック・プライシングに該当する。三級の価格差別手法として紹介した「学割」や、(アマゾンの例は誤解だったが) Eコマースでユーザーによって異なる価格を提示することはパーソナライズド・オファーと言える。

共通しているのは、いずれも買い手が「払ってもいい額」と、価格のギャップを少しでも減らすための手法であるという点だ。この発展を、三つの次元で見ていこう。

図2-6
一律価格の決まり方

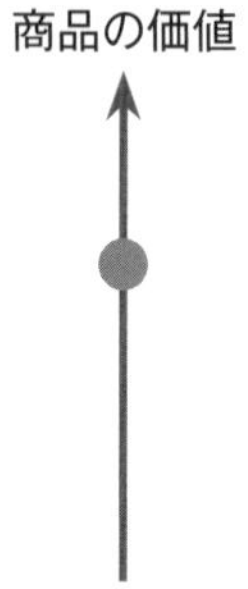

① 一律価格：商品価値に合わせる

基本的なプライシングは、商品の価値を考えることから始まる。この商品の価値は高いのか低いのかという軸で設定する、1次元のプライシングだ。価格2・0の時代で紹介したような手法が用いられ、単一的な価格が設定される（**図2−6**）。

② ダイナミック・プライシング：時間軸に合わせる

1次元ではうまく設定できていたプライシングも、時間軸を加えて見ていくとギャップがあることがわかる。同じ商品でも時間や状況によって価値は変化する。その変化に合わせて価格を調整するのがダイナミック・プライシングだ。先ほどのグラフに時間の軸が加わり、2次元で波のような線で描くことができる（**図2−7**）。

図2-7
商品の価値と時間によって変動する価格

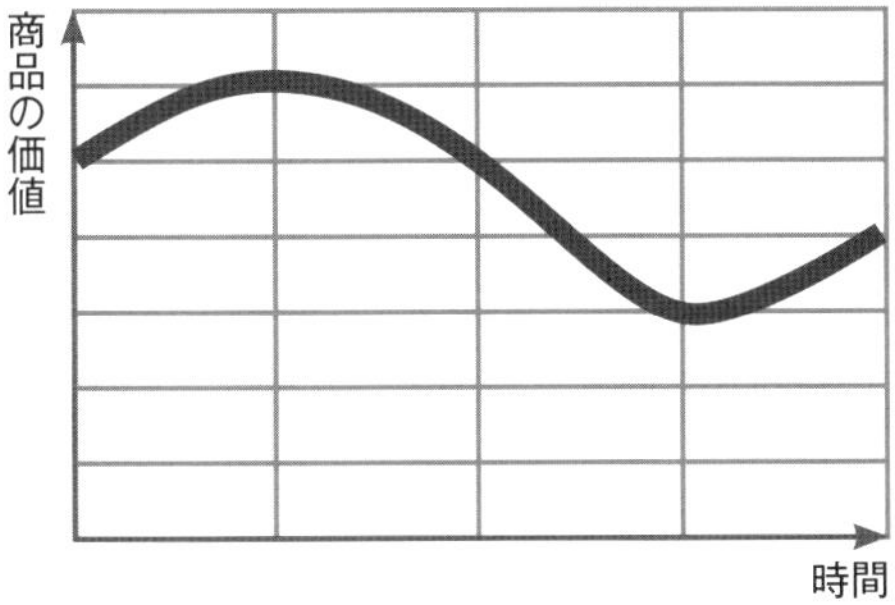

③パーソナライズド・オファー：個人軸に合わせる

さらに検証を進めていくと、個人によって価値の感じ方が異なることもわかってくる。個人の価値観によって選択は変わる。同じ商品、同じタイミングでも、刺さる人と刺さらない人がいる。その違いを見分けて価格を調整するのがパーソナライズドオファーだ。グラフに個人の軸が加わり、価格は3次元の曲面で描くことができる（**図2－8**）。

個人による違いといっても、一人ひとりに異なる価格を設定する必要があるわけではない。個人というよりは、子供、学生など、買い手の属性によってグループに分け、そうしたグループごとに異なるプライシングを行うことから始めるのが現実的だ。特に、Eコマースで物議を醸したように、差別的（価格差別とは異なる）と見られかねないパーソナライズには注意が必

図2-8
個人の価値観でさらに変動する価格

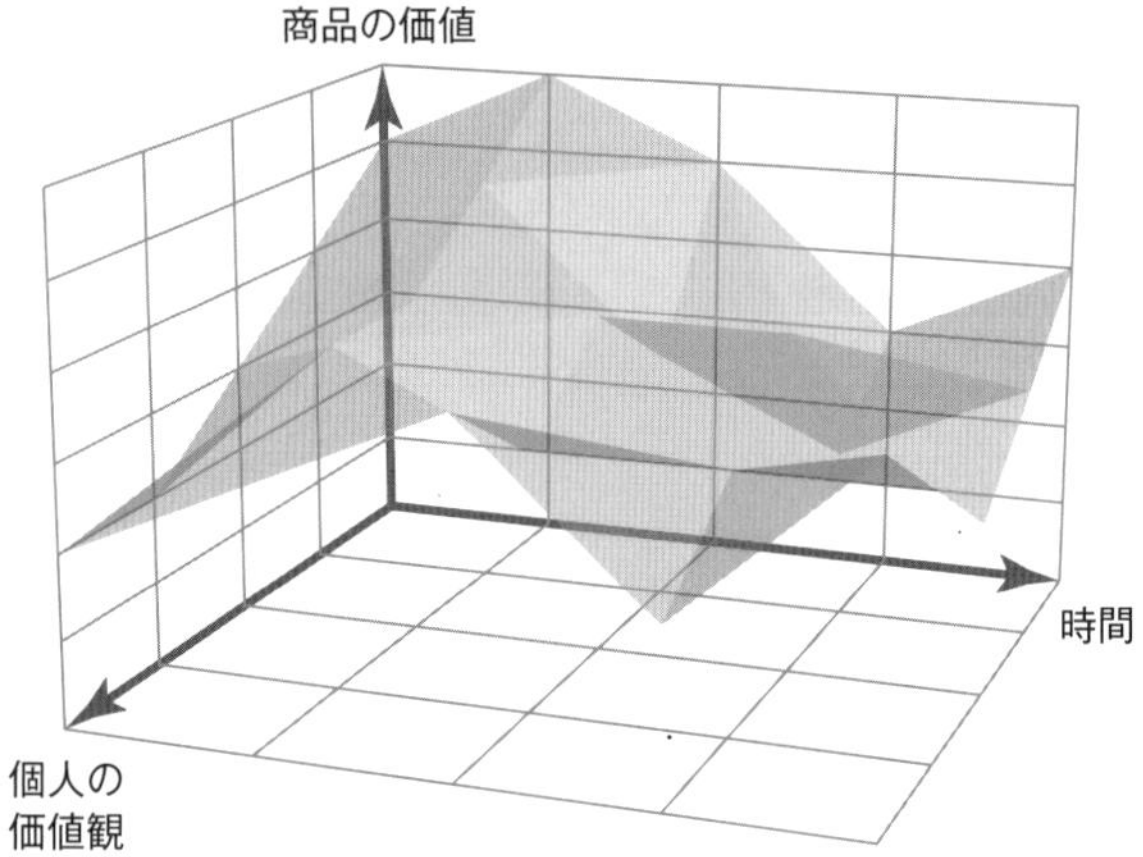

要だ。ただし、ここは線引きが難しい。

もし面と向かって「当店は性別や職業によって請求する価格が異なります」と言われたらぎょっとするだろうが、映画館やビュッフェ形式のレストランなどで「レディース料金」や「学割」はごく一般に受け入れられている価格差別だ。

所得や国籍による価格差別も、例えば第1章で見たような海外旅行先でのマーケットで高めの価格を提示されたり、「ローカル経済を守るために近隣住民向けにはお安くしています」と言われたりすれば、まあいいかと受け入れられるかもしれない。

つまるところ、説明可能で、納得できる〝違い〟に基づく価格差であるかが求められるのだ。

ここであえてパーソナライズド〝プライシング〟ではなく、パーソナライズド〝オファー〟と呼んでいる理由は、手段が価格だけに留まらないからだ。人によって違う価格を提示するというのは、現状のインフラのままでは難しい場面もある。例えば、スーパーマーケットの値札はすべての人が見えるところに貼られている。直接の価格変更だけでなく、クーポンやポイント付与率の調整、セット購入の提案など、いくつかのオファー方法の組み合わせで個人軸の最適化は取り組まれている。

パーソナライズというトレンド

実はパーソナライズは、プライシングだけではなくマーケティング・ミックスの四つのPそれぞれで同時に起きているトレンドだ。

■プロダクトのパーソナライズ

価格の歴史と同じように、ファッションも職人によるオーダーメイドから大量生産中心へと変化し、そしてDtoCやマスカスタマイゼーションと呼ばれるような個人のニーズに合わせた製造方式がトレンドとなっている。

■プロモーションのパーソナライズ

広告は、まったく対象にならない人に届いてもムダになる。適切な個人に届けるために、パーソナライズの技術革新に絶え間ない努力が注がれてきた。新しいメディアや技術の普及に合わせて、検索キーワードに応じるリスティング広告、WEB上の行動傾向からターゲットを絞る広告、SNSで登録した情報に合わせて配信される広告などが登場している。

■プレイスのパーソナライズ

売り場も画一的なものから、カスタマイズしたもの、パーソナライズしたものへと進化を続けている。Eコマースサイトにおいては、閲覧しているユーザーに合わせた商品を推薦するレコメンデーションの技術が普及。リアルな店舗においては、WEBサイトやアプリの会員情報などを用いて一貫性のある購買体験を届ける**OMO**(Online Merges with Offline)が注目を高めている。

価格、そしてビジネスがダイナミックな時代へ進む理由

本章で見てきたとおり、一つひとつの取引で価格が異なるということは長らく自然なことであった。企業も個人も、面倒でコストのかかることはやりたくない。時代の流れの根底には、常に楽なほう、得するほうへと流れる力が働いている。

価格1・0から価格2・0への変化は、価格の個別交渉の手間を省き、効率化を求めた結果の一律価格の普及であった。そして、変動価格や価格差別ができれば機会損失の削減や、業界課題の解決につながることはすでに証明されており、先行して取り組んでいる業界もある。あとはその面倒やコストのかからない仕組みが生まれ、変化のハードルが下がるかどうかだ。

業界によって進度はまちまちではあるが、次章で紹介するように、状況に合わせたプライシングを簡易的に実行できる仕組み（プライステック）はすでに登場し、提供されている。こうした手軽なソリューションが増えることで、価格3・0への変化は

加速していくはずだ。

さらに、プライシングを超えてビジネス全体の潮流として日本のこれからを占うとき、モデルケースとして見ていくべきは先駆的な海外企業だ。著者が、柔軟で機動的なビジネスモデルを最も体現していると考えるのは、アメリカ企業ではなく、中国のアリババグループだ。

アリババはEコマース・プラットフォームというイメージが強いかもしれないが、実はニューリテールやニューマニュファクチュアリングと銘打って、販売だけでなく製造や物流など流通全般に向けたサービスの構築に取り組んでいる。ポイントの一つは**C to B**と呼ばれる、顧客のニーズに基づいてファッションなどの商品を短期間小ロットで製造する、受注生産に近いようなビジネスのコンセプトだ。元CEOのジャック・マーは新しい製造のあり方として「5分間で同じ種類の2000着の衣類を製造するよりも、5分間で2000種類の衣類を製造することが重要」と語っている。

これを実現するには従来型の重厚長大なサプライチェーンでは難しい。顧客の細やかなニーズを把握できるためのサービスを持ち、そこで集められたリクエストに応じて小ロット、ごく短い納期で新しい商品を製造し、すぐに届けるという仕組みが必要である。製造に関わる企業間の取引も、アリババのネットワークの上でダイナミックに組まれている。その瞬間のリクエスト内容や、対応できる工場のキャパシティ、原材料などの状況によって、ネットワーク化された製造ラインの中から最適な組み合わせがチョイスされる。個人に最適化した商品作り、**マスカスタマイゼーション**と呼ばれるこのトレンドの一環として、価格もパーソナライズできる機能に取り組んでいる。

注目すべきアリババグループの取り組みのもう一つは、フーマーフレッシュという新しい形の小売り事業だ。スーパーマーケットとレストランをセットにしたような店舗で、日本のビジネスメディアでも度々紹介されるように、アプリと店頭の商品情報をシームレスにつないだ新しい購買体験を提供している。ここでは牛乳などの生鮮食品が製造日によってパッケージごと異なるデザインで陳列されており、賞味期限別の在庫管理が可能となっている。

これが重要な理由は、賞味期限を見極めながらの在庫の適正化や、期限に応じたダイナミック・プライシングを効率的に実現できるということにある。すべては顧客のニーズを起点とし、最も効率的で適切な購入方法で商品を顧客の手に届ける。ダイナミックで、タイムリー、ロスの少ないビジネスネットワークを構築しているのがアリババグループだ。

日本においても、企業のデジタル変革が進み、より効率的なビジネスへの進化を考えたとき、中国のケースは頻繁に参照されるものとなるだろう。アリババグループを一つの参考に、製造や流通のダイナミックなあり方への変化が進み、その潮流に合わせて価格のダイナミック化も加速するということは十分考えられる。

価格3・0の時代に求められること

時代の変化というのは、あるタイミングを待って瞬間的に起こるものではない。価格1・0から価格2・0へのシフトを作った、19世紀頃からの一律価格の商慣習も、すぐに全業界や全世界に浸透したわけではない。今でも国や業界によって価格の個別交渉が残り続けているように、同じタイミングに複数の慣習は共存する。時代の変化とは、数十年をかけたグラデーショナルなものだ。変動価格は注目され、適用範囲も広がりを見せているが、今すぐに価格3・0の時代へとすべてが切り替わるわけではない。

図2-9
価格2.0と価格3.0の違い

価格2.0		価格3.0
一律価格	価格	変動価格
絶対的（モノや原価）	価値の由来	相対的（買い手や状況）
固定的	組織・戦略のあり方	流動的、ダイナミック
薄利多売	中心的な収益バランス	適利適売（厚利少売へのリバランス）
規模の経済の重視	中心的な成長モデル	アジリティ、フレキシビリティの重視
情報	得するために必要なこと	柔軟性

とはいえ、19世紀と今を比べて異なるのが、情報流通と技術発展のスピードだ。1996年に生まれたインターネット広告は、テレビ広告の市場規模を23年間で追い抜いた。世界のどこかの企業でベストプラクティスと呼ばれる新しいビジネス戦術の成功事例が生まれると、すぐにその情報は世界中に届き、研究され、模倣されるようになった。そして、より優れた戦術を実現するための開発投資が行われ、技術発展も加速する。新しい潮流である価格3・0の仕組みを理解し、考察し、活用できるように備えておくことは企業にとっても個人にとっても将来を大きく分ける可能性がある。

価格3・0時代の特徴（**図2-9**）は、

本章で見てきたように価格が一律的なものから、変動的なものへとシフトすることにある。商品やサービスの価値も、それ自体やかかったコストに由来するのではなく、あくまで買い手の価値観や状況によって決まるものだという考えが中心的な時代だ。このシフトは、ビジネスや個人の生活のさまざまなシーンにも起きていくだろう。

価格が変動するということは、これまでビジネス構造の中で固定されていた重要な足場の一つがふわふわと動き出すようなことだ。企業としても、個人としてもこのような流動的、相対的な状態にいかに慣れ、乗りこなしていくかがポイントになる。

企業に求められる変化

動的な時代の中で、企業はどのような変化を意識しておくべきだろうか。

■組織・戦略のあり方が固定的から流動的に

変動価格の導入が現在進行系で行われている交通業界の経営者と話すとわかるのが、今までにないスピードで起こる事業環境変化による組織の戸惑いだ。新しいプライシング手法や、新しいシステムを導入するだけで急に事業課題が解決するわけではない。

ココロコロと変わる需要に合わせて、プライシングやサービスのあり方を変動させ続けるには組織に新しい能力が必要になる。しかし、既存の人材や組織、オペレーションは以前の方法に最適化されている。オペレーション・エクセレンスを強みとし、新卒一括採用中心で他業界を経験していない人材がほとんど、という状況は特に日本のインフラを支える歴史ある企業には多く見られる。

長期間同じ仕組みを回していくことを前提に築かれた組織や戦略のあり方を、流動的、ダイナミックなあり方へとシフトさせていくことが、こうした企業共通のチャレンジとなる。

動的で相対的な価格や価値をマネジメントしていくには、それができるような人材や部門（例えばマーケティングチームやプライシングチーム、もしくは顧客の体験を作っていくCXOといったような人材）を有する必要がある。それに合わせて人材採用や育成のあり方も変わっていく。働き方や、人材配置、仕事の回し方にもフレキシブルさが必要となるだろう。

戦略のあり方も、静的なものから動的なものへとシフトが起きている。これまでの戦略立案といえばじっくり調査と検討を重ね、経営者にプレゼンが行われて決定されるというイメージを持つ人が多いのではないだろうか。このような、いわば「パワーポイント型戦略」は長期戦には向いているが、短期間で大きく状況が変わるような不確実な時代においては戦略の消費期限も短く、敏捷性にも欠けてしまう。

動的な戦略思考とは、インプットされるデータによってアウトプットが変わる「モデル型戦略」だ。外部環境がころころ変わることを前提に、アウトプット自体を決めるのではなく、数式＝モデルのほうを考えることが戦略的な仕事となる。

野球と違い、サッカーの試合中は相手の動きやボールの位置が変わったからといって、いちいちタイムを取って監督から全員に指示を出すことはできない。ビジネスも同様だ。状況が変わる度に大人数で集まって会議を開いて検討を始めていては、時代に後れを取り続けてしまう。モデルとして戦略を設定しておけば、状況の変化に対して、各部門やシステムが自律的に動きを変えることができる。第3章で紹介するダイナミック・プライシングは、まさにこのような「モデル型の価格戦略」だと言える。

■ 収益モデルが薄利多売から適利適売に。厚利少売へのリバランス

日本で愛される言葉の一つが「薄利多売」だろう。店名にこの言葉を入れている飲食店もあるほどだ。実際に日本の価格は諸外国と比べても安い、といわれている。100円ショップとして有名なダイソーは26カ国に進出しているが、多くの国では

図2-10
値下げをして利益を増やすことは難しい

Before

単価	10,000
変動費	4,000
限界利益	6,000
販売数	100

利益　600,000

After

単価	8,000
変動費	4,000
限界利益	4,000
販売数	150

利益　600,000

50%販売数が増えてトントン!

１００円よりも高い単価で設定しており、日本が最安値水準となっているそうだ。

　もともと、価格を下げて数を稼ぐというのは非常に難しい戦法だ。例えば変動費率40％、販売価格１万円の商品があるとしよう。この商品を20％値引きして販売する場合、以前よりも高い利益を得るためには、販売数を50％も増やさなければいけない。20％値下げして、20％数が増えるだけでは、売り上げは等しいが利益は大幅減となってしまうのだ。

　これに加えて、昨今の社会環境が、数を伸ばして稼ぐということをより難しくしている。人口やＧＤＰの成長率は鈍化し、需要は一定の飽和状態に近づいている。もう20世紀のような「どんどん作ってどんどん売ろう」という規模的な成長は非現実的なのは、多くの経営者が気づいていることだろう。そこに２０２０年の新型コロナウイルスの影響が追い打ちをかけ、これまで以上にお客や従業員の数を抑制する必要性もでてきた。

多売という前提が成り立たなくなる以上は、薄利という手段も見直される必要があるだろう。適利適売や厚利少売といった、販売数はある程度減ってもいいから高い付加価値提供と高い利益獲得を目指すという収益モデルへのリバランスだ。

たとえこれまでのような販売数が見込めないとしても、先ほどの例と逆で、薄利多売から厚利少売へシフトすれば企業の利益率は高まる。売り上げの成長は止まっても、利益を成長させるチャンスは十分ある。

今ある資産を最大限有効活用して収益を生み出すというのは、まさに航空業界やホテル業界で取り組まれてきたレベニュー・マネジメントの考え方だ。アセットをムダにしない、効率的な販売やサービスのあり方は、サステナビリティの観点からも企業に求められていくだろう。

■規模の経済の重視からアジリティ、フレキシビリティの重視に

経済産業省が２０１９年に発表した『人材競争力強化のための九つの提言（案）～日本企業の経営競争力強化に向けて～』でも、現代社会を表す言葉としてＶＵＣＡ時

代という言葉が多用された。VUCAとは、Volatility（変動性）、Uncertainty（不確実性）、Complexity（複雑性）、Ambiguity（曖昧性）の頭文字を取った言葉だ。VUCA時代とは、この四つが非常に高まり、不確実で変化の激しい現代を指している。

変化の激しい時代において、企業はどのような成長戦略を描くべきだろうか。

20世紀のビジネスで中心的とされてきた成長モデルの一つに規模の経済がある。工場や事業の規模を拡大し、製造や販売効率を高め、他よりも提供コストを抑えられるという考え方だ。製造や流通に関わる業界のほとんどの企業で、ビジネスの勝ち方といえばこの規模の経済の獲得を意味してきたと言ってもいい。企業買収やフランチャイズの仕組みも用いながら、コンビニエンスストアやファストフード、ドラッグストアなどは全国に店舗を増やしていった。

規模の経済による成長モデルは、型がはまればとにかく強い。大規模に標準化を行い、大量生産や大量発注でコストを抑え、安くてそこそこ質の良い商品を提供できるチェーン店に対して、小規模な企業が正面から戦って競い合うのは難しいだろう。

型にはまれば強いということは、反対に、事業環境がころころと変わる時代には弱さもある。サプライチェーンも含めて大規模に標準化された仕組みは、すぐにはその形を変えることができないのだ。

VUCAという言葉を広げるきっかけとなった『OODA LOOP《ウーダループ》』で書かれているのは、アジリティという企業能力だ。

アジリティとは、外部の世界で起こっているめまぐるしい環境変化に即応して、自らの方向性（大雑把にいえば、進むべき道のようなもの）を変化させることのできる能力を意味する。

アジリティやボイドのモデルをいかなる形の競争であれ、そこに適用する際のポイントは、曖昧さや混乱、急激な変化などが生じているとき、自らの方向性を現実世界に十分に適合させ続けるということにある。そのような状況の下では、通常ならば方向性を見失うことが自然だろう。

チェット リチャーズ著、原田勉訳『OODA LOOP』（東洋経済新報社）

コロナ禍のビジネス環境においてITやインターネット企業の対応速度が目立っているのは、彼らの強みであるアジリティを表している。第1章で見たように、情報のレイヤーは低コストで柔軟に動かすことが可能だ。店舗や工場を持たず、情報サービスを中心としたインターネット企業の事業構造は非常に軽く、動かしやすい。

いかに規模を獲得するかが価格2・0時代の象徴だったとすれば、いかにアジリティを獲得するかが価格3・0時代の象徴となるだろう。

個人に求められる変化

価格3・0時代になると、日々の買い物や移動などのシーンにおいてさまざまな選択肢が提示されるようになる。その中で、私たちはどうやって生活していけばいいだろうか。そしてビジネスパーソンとして、どのように振る舞っていくべきだろうか。

全員に共通の正解はない。通勤においても、これまでの習慣どおりの時間帯を選ぶ人もいれば、お得な時間帯へのシフトを積極的に進める人も出てきている。

ムダが少なく便利な暮らしができるようになる一方で、これまで以上に明確な価値基準を持つことや、スマートな買い手であることが求められるだろう。個別の交渉の時代に戻るわけではないが、常に良い買い手でいられることを心がけたほうが、お得なオファーを売り手から引き出していくことができるはずだ。

■得するために必要なことが、情報から柔軟性へ

同じサービスでも、買い方やタイミングによって価格が違うことが常識となってい

く。これまでは、お得な生活のために必要なことといえば、どこで安売りをしているのか、という情報収集が基本だった。家電量販店やスーパーマーケットのチラシを集めたり、価格.comなどの価格比較サイトを眺めたりといった方法で、価格の情報をいかに持っているかが重要だった時代だ。

価格3・0の時代は、状況によって価格の変動がさらに大きくなるため、情報を知っているだけではなく、その安い時間帯や日程に自分の行動や購買タイミングを変えられる柔軟性が重要になる。多くの人が休暇を取って旅行をするような大型連休やお盆、年末年始は、当然ながら交通手段もホテルも料金が高い。もしより安く購入したいのであれば、できるだけ空いているシーズンや曜日を選びたい。時間の余裕や選択肢が多い人ほど、お得なタイミングを狙って購入や来場ができるわけだ。この時代にお得にスマートに振る舞えるのは、タイムリーに提案される新しいオファーに対してすぐに自分の行動を決められ、お得な時間帯や場所へ移動したり購入したりできる人となる。

■自分の価値観を養い、ニッチであることを厭わないマインドへ

もう一つ大切になるのが、自分の価値観を持つことだ。メディアやブランドが形成

してくれるみんなにとっての正解や価値といったものが揺らぎ、モノやサービスの価値が流動的で個人的なものへと回帰していく。価格が変化していくということは、この価格を出すほどの価値があるかを自分で考えるシーンも増えるということだ。さまざまな選択肢がある中で自分はどれを選ぶか、何円まで払おうかという価値観を養っていく必要がある。これまで無意識に行っていた購買行動が意識的なものとなり、広がる選択肢の中で自分の行動や消費をデザインする時代となる。

需要と供給によって価格が変わるということは、他のみんなが好きなモノやマスメディアが強くおすすめしたようなモノは需要が高まり、割高になっていく傾向にあるということだ。反対に、自分だけが認める好きな生き方や好きな選択は、他の人から見て魅力的でないかもしれないが、割安で手に入るようになっていく。他の人がまだ選ばないようなモノやライフスタイルはお得で、しかも誰か他者ではなく自分のモノサシで見つけた選択肢なのであればなおさら満足度も高くなるだろう。

まだ多数の人が固定的な働き方、同じ時間に出社して同じような時期に休暇を取るという生活をしている中で、テレワークやラッシュ時間を避けたオフピーク通勤をすることに初めは抵抗を感じるかもしれない。しかし一度それを経験し、自分で認めることさえできれば混雑を避け、お得な買い物もでき、自分自身で選んだスタイルで生きることができる。

これまでの時代は共感性や流行に乗ることがよしとされ、多くの人が欲するものをいち早く手にすることや体験することに価値があるとされてきたかもしれない。しかし、価格3・0の時代はこれが逆転する。ニッチであることや少数派であることはお得で、自分自身の満足度が高い幸せな生き方となっていくはずだ。


個人の生活において、価格3・0の時代への向き合い方は多様であっていい。細かな価格の差を気にせずに、自分にとって気持ちの良い生活リズムを続けるのもよい。一方で、これまで以上に価格について考えていくスタイルもある。自分にとってこの商品やサービスの価値はどの程度なのか、なぜこの価格がつけられているだろうか、といったことを考え続けて、より合理的で納得感のある購買や選択を行っていくこともできる。

買い手がスマートになれば、売り手もよりスマートに、透明性や納得感のあるオファーを出すことに努力するようになる。両者がスマートになることは対立関係ではない。業界や社会全体の合理性が高まり、ムダの少ない世界へとつながっていく。

コラム

エンターテインメント施設の入場料を考察するPSM分析の実例

テーマパーク、劇場、水族館などのエンターテインメント施設は、新型コロナウイルス感染症蔓延による人流抑制の影響を大きく受け、また、入場チケット料金の変動制についても実現や検討が進んでいる業界だ。こうした施設のプライシングを再考するために行われた消費者調査の事例を用いて、PSM分析のイメージを紹介する。

PSM分析とは、前述したように四つの価格の閾値についてアンケート調査を行い、その結果を分析するものだ。

具体的には、①高すぎて買えないと感じる価格、②安すぎて質が不安になり買えないと感じる価格、③少し高いと感じる価格、④少し安いと感じる価格、の回答を得る。その結果は次のようなグラフで表すことができる。

PSM分析の例

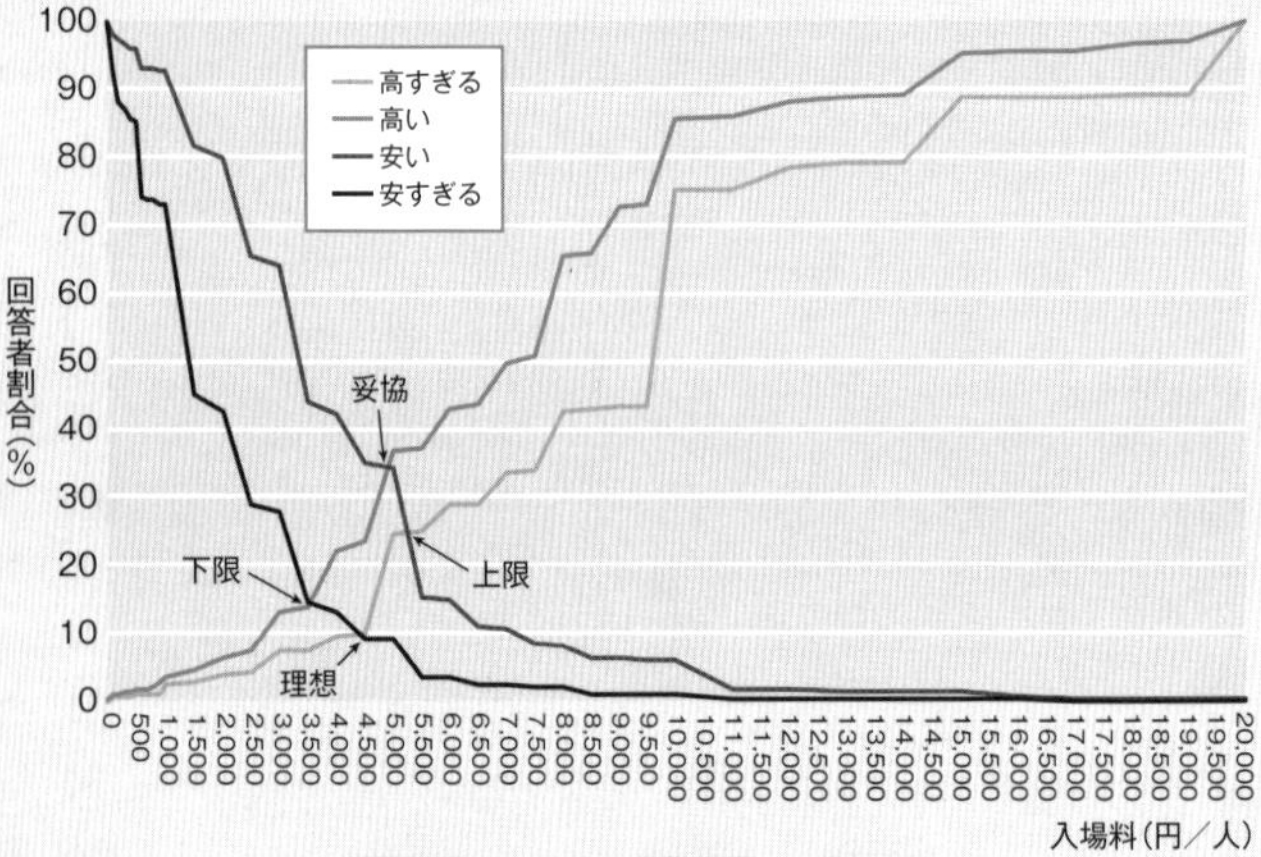

下限価格：3,500円　**妥協価格**：4,800円
理想価格：4,500円　**上限価格**：5,200円

まず上図では、4本の折れ線グラフの交わる点に着目することで、下限価格、理想価格、妥協価格、上限価格の四つの情報を得ることができる。サンプルの図でいえば、下限価格は3500円、理想価格は4500円、妥協価格は4800円、上限価格は5200円ということになる。

PSM分析の結果は、類似する商品やサービスと比較することでも示唆が得ら

PSM分析による国内エンターテインメント施設の受容価格帯

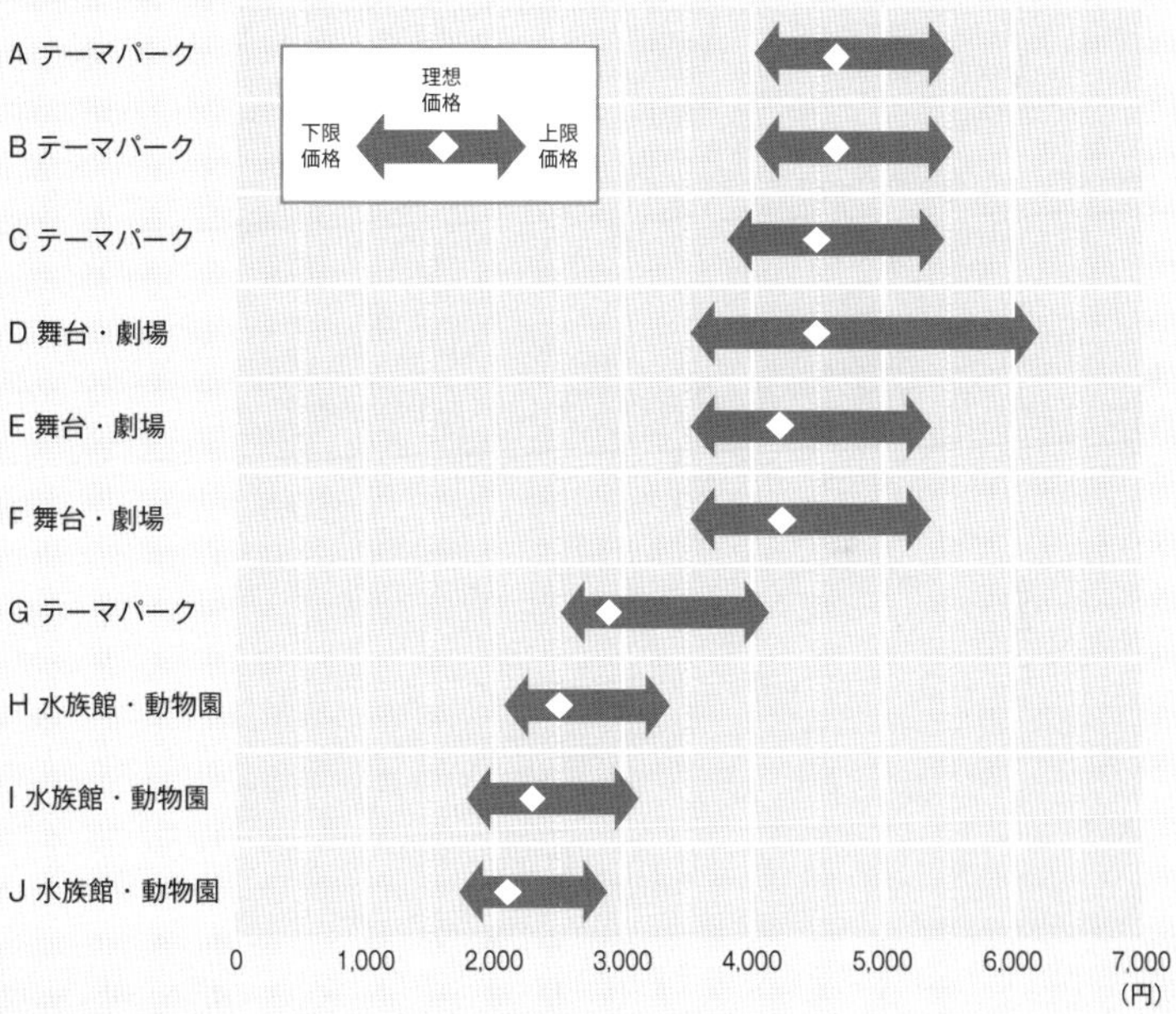

■調査概要
調査　：ハルモニア株式会社
調査時期　：2021年7月16日（金）~7月20日（火）
サンプル数：スクリーニング調査 32,814サンプル、本調査 1,200サンプル
調査手法　：インターネット定量調査
調査対象者：20~69歳の男女
調査エリア：東京都、埼玉県、神奈川県、千葉県、岐阜県、愛知県、三重県、京都府、大阪府、兵庫県、奈良県

れる。国内の10のエンターテインメント施設について行ったPSM分析の結果をまとめたものが95ページの図だ。

図で示されるエンターテインメント施設の受容価格帯調査結果と実際の入場料金を比較したところ、実際の料金が調査結果の理想価格よりも相当に高い施設が存在した（テーマパークで最大＋4400円差、舞台・劇場では最大＋1万1500円差）。反対に、舞台・劇場のカテゴリーなどでは、実際の価格の一部が受容価格帯より低く設定されている施設もあった。

ただし総じて、価格受容帯が高い価格帯にあるグラフ上位の施設は、実際にも強気の価格づけをしており、同時に、グラフ下位の施設は弱気の価格づけにまとまっていることがわかる。また、舞台や劇場では、下位ランクの座席について値上げ検討が可能という示唆が得られた。

第2章のまとめ

- 価格の歴史は、個別交渉をしていた「価格1・0の時代」、一律価格がつけられる「価格2・0の時代」、変動価格とテクノロジーが採用される「価格3・0の時代」の三つに大分できる。
- 商品に値札がつけられて一律価格で売買されるようになったのは1870年頃からである。大量生産とビジネス規模の拡大という背景の中、取引の効率化のために一律価格の商慣習が始まったと考えられる。
- 航空業界やホテル業界などサービスの提供キャパシティが固定的で、季節や曜日などでの需要変動の大きいビジネスで収益を高める工夫として、変動価格の採用が1980年頃から始まっていった。
- 変動価格のベースとなっているのが「価格差別」という経済学の概念だ。異なるニーズを持つ買い手に対し違った価格をつけて販売することで、より多くの収益を得ることができる。

・2010年頃に米国スポーツ業界でダイナミック・プライシングの導入が始まり、交通やエンターテインメントなど新たな業界でも注目を集めていった。

・価格3.0の時代においては、企業はより機動的で柔軟な戦略やビジネスモデルを有していくことが求められる。

・一方、個人はフットワークを軽く、柔軟なライフスタイルで過ごすほど得ができる。自分の価値観を磨くことで、合理的で自己満足度の高い選択ができる。

第3章

価格3・0を象徴するプライステック

動的に価格を最適化する「プライステック」による革新

プライステックとは何か

価格差別という概念をベースに適用が進む、状況や個人に合わせた変動価格。これを実現するには人手だけではなく、テクノロジーが必要だ。そうして生まれたのがプライステックである。プライステックとは、プライスとテクノロジーを組み合わせた造語で、発展的なプライシングを行うためのデジタルやデータに関係するテクノロジー群のことだ。

第2章で見たとおり、企業はより効率よく、ムダが少ない販売を追いかけてきた。時間軸に合わせたダイナミック・プライシングも、個人軸に合わせたパーソナライズド・オファーも、一律価格と比べると非常に多い頻度や複雑さで価格を考え、提案することが必要になる。これを手動や1件1件の個別交渉で実現しようとすれば、歴史が物語っているようにあまりに効率が低く、とてもやっていられない。人の目でデータを確認したり、人の手で価格を算出したりすることが難しい取引の数量に対し、それらを自動化・効率化することがプライステックの位置づけだ。

プライステック・ツールには、主に三つの機能・役割がある。

一つは、プライシングに用いる指標・データを取り込み、それを分析すること。

二つ目は、取り込んだデータをもとに価格の戦術を自動実行すること。条件や顧客によってどう価格を設定するか、というその計算部分だ。

そして三つ目が、その算出した価格を実際の販売システムに反映させていくこと、である。


このプライステックを活用することが、価格3・0の時代においては主流になっていく。企業で価格決定をする担当者の仕事は、価格自体を決めていくことではなく、プライステックを存分に活用し、どのような条件のときにどのようなプライシングを行っていくかという戦略を描くこと。そして、プライステックの設定や操作といった作業にシフトしていくことだろう。

プライステックはなぜ登場したのか

プライステックは急に生まれてきたわけではない。もともと航空業界やホテル業界では、価格を変動させて収益を向上させるレベニュー・マネジメントが行われてきた。オークションといった仕組みも歴史は古い。サザビーズは現在まで続く世界最古の国際オークションハウスだが、ロンドンで創業したのは1744年だ。そのような以前から行われてきたプライシング手法をデジタルに置き換える形で、プライステックは開発され、少しずつ実装されるようになってきた。アメリカでは、企業に対するプライシング専門のコンサルティング企業や、プライシングに特化したＩＴシステム企業も登場している。

そもそも価格というのは数字（Digit）で表され、それを最も効果的に処理するデジタル・テクノロジーとの相性はとてもよい。プライステックのツールや、提供企業は年々増えており、多様化している。

ハルモニア株式会社とネットプロテクションズが共同で作成し公表したのが、プライステック市場のカオスマップだ。その中には、価格を決める主体者やタイミングによって分けられた三つのカテゴリーがある（**図3－1**）。

- ダイナミック・プライシング
- プレ・プライシング
- ポスト・プライシング

それぞれの仕組みと事例を見ていこう。

ダイナミック・プライシングの特徴とプレーヤー

ダイナミック・プライシングとは、売り手主導で、主に時間軸での需要変動に対応して行われるプライシングだ。１９８０年代の航空業界で始まったイールドマネジメントをきっかけに、ホテル、観光、交通、Ｅコマースなどで適用されてきた。

その手法や理論は各社さまざまだが、ダイナミック・プライシングに用いられるデータは大別すると3種類である。①季節性や商品ごとの販売傾向を捉えるための過去蓄積してきた販売データ、②売れ方に応じた価格変動を行うための最新の在庫数や予約数データ、③天候や気温、競合店舗の価格などの需要に影響を与える外部データだ。

図3-1
プライステック業界カオスマップ

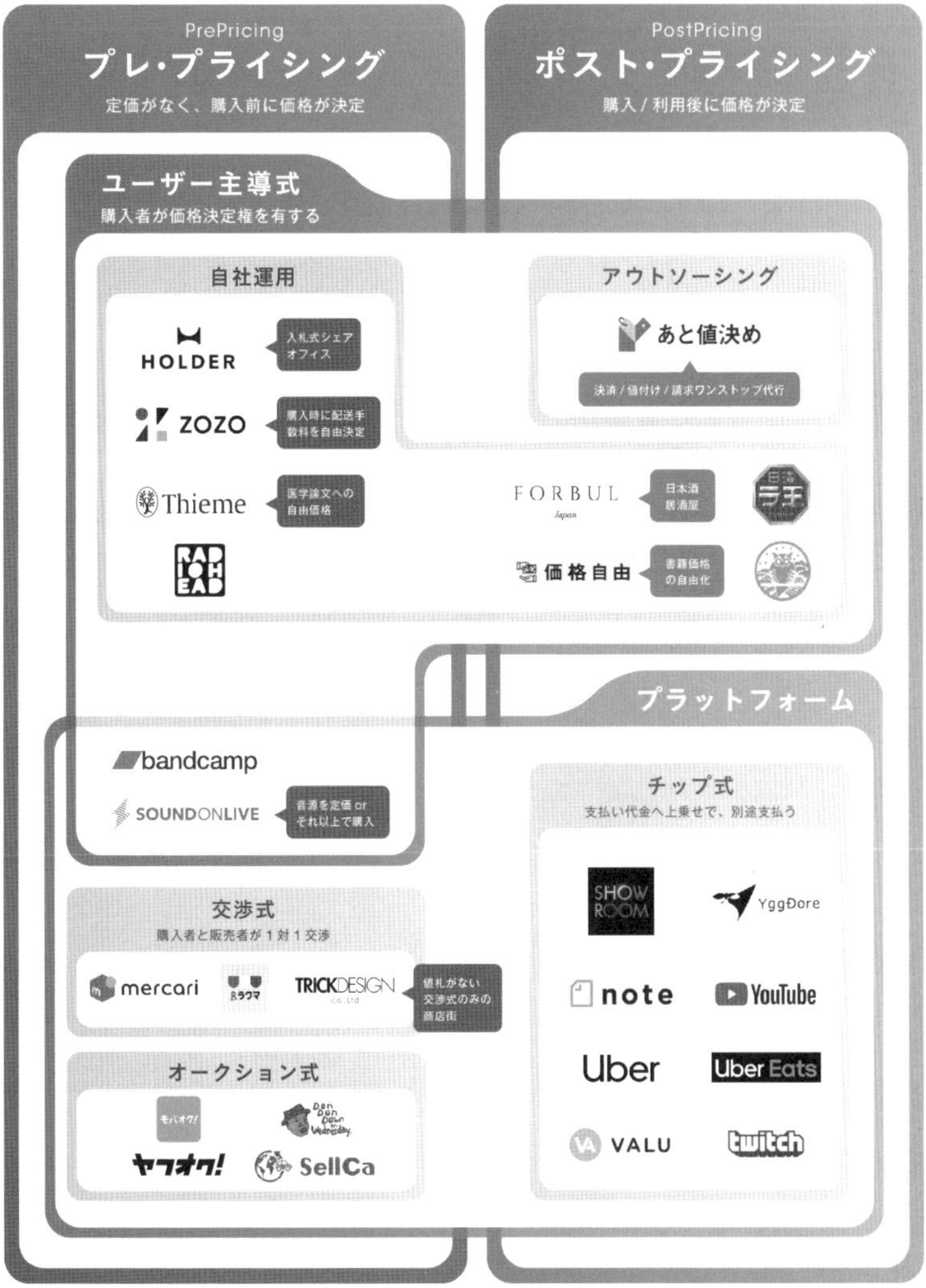

2019年8月29日作成

これらのデータを組み合わせ、チューニングを繰り返すことで、できる限り状況に合わせたプライシングを自動で行う仕組みが、ダイナミック・プライシングの基本形といえる。

ダイナミック・プライシングのサービスを提供する企業としては、プロ野球やBリーグなどのスポーツ領域に取り組むダイナミックプラス、アパレル通販領域に取り組むブレインパッドなどが挙げられる。また、アビームコンサルティングなどのコンサルティング企業もメニューの一つとしてダイナミック・プライシングの支援に取り組んでいる。著者が代表を務めるハルモニア株式会社もこのカテゴリーに該当し、業界横断的にダイナミック・プライシングのシステムを提供中だ。

プレ・プライシングの特徴とプレーヤー

プレ・プライシングとは、売り手と買い手の双方が関わり、購入の直前に価格が決まるプライシング方法を指す。定価がなく、個別の売買ごとに価格が決まるもので、オークションやフリマアプリなどが代表的だ。

プレ・プライシングを活用する企業としては、インターネット・オークションのヤフオク、フリマアプリのメルカリ、配送料の自由設定に取り組んだZOZOなどが挙げられる。考え方としては個別交渉に近く馴染み深いものだが、デジタル・テクノロジーを用いることで大量の取引に効率的に適用することが可能になっている。買い手の偏愛によって買い手が「払ってもいい額」が大きく変わる一点物の商品などは、プレ・プライシングと相性がよいものと言える。

売り手と買い手のやり取りの中で自然と価格が決まる仕組みではあるが、BtoCの取引と違い、売り手もプロフェッショナルではないことが多い。そのため、プライシングの補助的な機能がサービスプラットフォーマーから提供されていることがある。

メルカリでは、出品の際にいくらで値段をつければ売れるのかわからないというニーズに応えるために、2017年頃から出品参考価格の推定機能が開発されてきた。出品時の写真などの登録情報から出品商品の型番を推定し、メルカリ上での過去の売買履歴等のビッグデータから、いま売れやすい価格の値づけを提案する仕組みだ。これにより、満足度の高い金額で即売れるという体験を実現している。メルカリで経営戦略室ディレクターを務める原田大作氏によれば、メルカリのほとんどの出品者が活用しており、特にリユース買取店舗の買取額に満足しない層や、モノの値段を自分で決めることに難しさを感じるお客様に満足度が高いそうだ。

ポスト・プライシングの特徴とプレーヤー

ポスト・プライシングとは、買い手主導で、サービスの体験後にその評価を踏まえて行われるプライシング方法だ。Pay as you like方式とも呼ばれ、まだ適切な価格設定がわからない商品や、まず多くの人に体験してもらいたい商品などに用いられる。

このカテゴリーに該当する企業としては、「あと値決め」というサービスを提供するネットプロテクションズが挙げられる。また、音楽領域では2000年代にレディオヘッドが『In Rainbows』というアルバムをこの方式で販売したことが話題となっている。

「あと値決め」は、誰でも簡単にポスト・プライシング形式での販売ができるサービスだ。あと値決めの決済APIを通じて発生した取引においては、サービス利用後にSMSやメールで価格申請フォームが届く。ユーザー自身が価格申請を行うことで、ワン・トゥ・ワンのプライシングを実現している。このサービス開発に取り組むネットプロテクションズの専光建志氏によれば、エイベックスなどを含むエンターテイメント業界をはじめとし、ＣtoＣプラットフォームや新市場で活用が進んでいる。特にフリーランスのスタート時に満足度が高いそうだ。

プライステックのよくある誤解

新しいテクノロジーは大抵そうだが、大きな期待が集まる分、誤解も多い。活用を考えるにあたっては、注意点を理解して臨みたい（**図3-2**）。

■誤解：完全自動のAIができ、勝手によくしてくれる

これはＡＩや自動化といったキーワードが連想されるソリューションに共通した誤解だ。後述するデータ不足要因などもあり、ほとんどの場合において、初めから完璧な仕組みができ上がることはないだろう。また、どれだけ投資や準備を行ったとしても、ビジネスの状況や戦略は常に変わっていく。それに合わせてプライシングの仕組

図3-2
ダイナミック・プライシングのよくある誤解

完全自動のAIができ、勝手に良くしてくれる	ダイナミック・プライシングで収益がどんどん上がる	既存のデータですぐにモデルを構築できる
▽	▽	▽
・状況や戦略は常に変わるため、一度作って終わりにはできない ・マーケティングと同じように、継続した改善や運用が成否を分けていく	・プライシングでできるのは機会損失を減らし、ポテンシャルを引き出すこと ・商品やサービス価値の向上は、ダイナミック・プライシングが浸透する時代においても重要	・幅広い価格での販売経歴など、さまざまな条件を満たすデータがないとモデル構築は難しい ・データサイエンスだけに依らない戦術アプローチと併用する必要がある

みも調整していく必要がある。

テクノロジーを用いたとしても、プライシングはすぐに手離れするものではない。適切に人の手をかけ続けるべき、戦略上の重要な業務であることは変わらないのだ。プライステックはあくまで戦略を実行するためのツールである。

その意味で、完璧なものを目指して時間をかけるよりは、改善を積み重ねることを前提にした、調整しやすい仕組みを持つことが望ましい。プロダクトマネジメントや広告運用と同じように、継続した取り組みが成否を分けていくのがプライシングだ。

■誤解：プライシングで収益がどんどん上がる

プライシングは確かに収益にプラスのイン

パクトをもたらすが、その基本的な役割は商品の成長可能性を最大限に活かすことだ。適切なプライシングは商品を買い求めやすくし、「払ってもいい額」を引き出すが、商品の価値や需要そのものを高めるわけではない。

新しいプライシング方法を導入し、初年度は20％の収益向上ができたとする。しかし、需要が高まるようなプロダクト改善や販売施策を行っていなければ、翌年度の収益は基本的にはそのままだ。さらに20％の成長が続くわけではない。

商品やサービス価値の向上は、プライステックが高度化し、浸透する時代においても重要であることに変わりない。プライシングでできることは大きいが、同時に限界があることも理解しておくべきだ。

■誤解：既存のデータですぐにモデルを構築できる

変動価格を始める企業からよく挙がる質問が、「今までに蓄積したデータで、最適な価格は導き出せるのか？」というものだ。結論から言えば、多くの場合、それは難しい。

データをもとに導き出すということは、基本的には過去に起きた事象の中に参考値を見つけるということを意味する。私たちが日々目にしている天気予報で示される降水確率は、過去に同じような大気の状態だったときに雨が降った回数をもとにしている。何もないところから未来を予測しているわけではないのだ。

最適な価格を導き出すというのは、どのような価格を設定したときにどのくらい売れそうか、という販売確率を考えることに近い。この価格と販売数の関係性を一般的に**価格弾力性**と呼び、この価格弾力性をデータに基づいて推定するというのがセオリーである。これをデータから推定するには、多様な価格をつけて販売したことがあり、それがどのくらいの数や確率で購入されたのかが記録されていなければいけない。さまざまな大気状態のときの降水回数を知っていないと気象予報ができないのと同様だ。

これまで5000円の一律価格でしか売っていなかった商品を、変動価格にしたときどれだけ売れるのかという問いの答えは、基本的には「やってみないとわからない」ということになる。多くの企業の話を聞く中で判明したのは、この価格弾力性を推定するのに十分な質や量の価格と販売数のデータを蓄積している企業が、実際にはまだ少ないということだ。さらに言えば、ある価格にしたときの購買確率を考えるためには、「買われなかったとき」のデータもあるべきだが、こうした失注に関する記録を残せている企業はさらに少なくなる。

確かにインターネット広告など、プライシングを最適化する仕組みが自動化している領域は存在する。ただしそれは、さまざまな条件や価格設定の際にどのように反応があったかというデータを、何億～何兆回と蓄積してきたからこそできる水準である。

もちろん、これは既存のビッグデータだけに頼ってモデルを作ろうとした場合の話だ。実際には、類似商品の売れ方や、消費者リサーチなどの情報を頼りに、「やってみないとわからない」のブレ幅を少しでも抑えていく方法はある。つまり、経験則も活かし、人の頭で考える戦略アプローチと、データサイエンスのアプローチを併用していくということが肝要となる。

プライシング手法が大きく変わる業界・分野

では、こうしたプライステックが取り入れられ、プライシング手法が大きく変わる業界はどこだろうか。

すでに活用が進んでいるのが、航空、ホテル、エンターテインメントなどの業界だ。また、鉄道、テーマパーク、タクシーといったこれまで一律価格が基本だった業界で、相次いで変動料金の検討や議論を始めたというニュースが発表されている。これらの業界には、次に紹介するような共通した特徴がある。

■在庫を翌日に持ち越せない、1日1日が勝負

在庫を翌日に持ち越せないというのは、飛行機の座席など、今日売れ残ってしまった空席分を翌日に追加して売ることができないという商品特性を意味する。空席がまだ残っていたとしても、飛行機は予定どおり飛ばさなければいけない。人を乗せていれば収益が得られたそのスペースに、空気を乗せて運ぶことになってしまう。それゆえ、一日一日の座席稼働率を高めることが非常に重要となり、プライシングの工夫が積極的に行われている。

■需要が時間軸で変わり、ムラが大きい

需要が時間軸で変わるというのは、季節や曜日、時間帯によって需要が異なる商品特性だ。スキー場やビーチリゾートなどの観光商品は、季節や気候による需要変動が大きい。帰省や旅行に向いている週末や大型連休など、曜日祝日による繁閑の差が大きく表れる。レジャー・観光業界は常に時間軸での需要の波を考えながら、プライシングを行っている。

■供給に上限があり、簡単に増やしたり減らしたりできない

供給に上限があるというのは、例えば劇場やスポーツの試合が行われるスタジアムなど、提供できる座席最大数がほとんど一定である商品特性を意味する。仮に8000席の会場で特別人気なイベントが催され、2万人のファンが購入を希望したとしても、簡単に座席を追加することはできない。買いそびれた1万2000人のファンの買い手が「払ってもいい額」は、主催者にとっての機会損失となってしまう。こうした業界は「在庫を翌日に持ち越せない」商品特性も持ち合わせており、積極的なプライシング手法が求められる。

このような特徴を見ていくと、物流、サービス業、外食などの業界でも今後プライステックの活用が進む可能性が十分考えられてくる。物流の倉庫やトラックはまさに三つの特徴に当てはまり、受発注のEC化やより短期間契約でのアセット利用が進むにつれて、プライシングが高度化できる余地が広がるだろう。

また、外食、理美容院や、映画館、エステ、マッサージ、スポーツジムなど、現在は固定的な価格設定が馴染まれている業界も、同様のコンセプトは適用可能だ。一部の飲食店で行われているハッピーアワーは、最もシンプルな形での時間軸の需要変動

に合わせたプライシングだ。これを拡張するように、こうした各業界で新しいプライシング手法が導入されていく日は遠くないかもしれない。

ダイナミックに価格が動きづらい業界・分野

反対に、動的なプライシングの浸透が遅いと考えられる業界の特徴は次のとおりだ。

- 需要の時間軸的な変化が少ない
- 供給に制限がなく、簡単に追加できる
- 再販価格制度など、価格設定における規制がある

こうした特徴を持つのは、ＳａａＳなどのソフトウェア、生命保険、新車、飲料、書籍などの商品だ。これらの商品は、価格を細かく調整することの必要性が比較的低い。商品が今日売れなかったとしても明日にまた販売機会があり、また、大量に売れたとしても在庫を追加していくことができることがその理由だ。こうした業界では、

綿密に検討を行った上での一律価格（定価）の設定が引き続き重要になる。

当然ながら、ダイナミック・プライシング以外にも、プライシングの発展・改善の余地はさまざまに考えられる。

例えば一括購入からリース、サブスク型へといった課金方法のシフト。買い手が価格を決めるポスト・プライシング。顧客の買い手が「払ってもいい額」を探るためのデータ分析技術の活用など。伝統的なプライシングが常識の業界だからこそ、新しいプライシング方法を考えられればそれが差別化にも直結する。先行する業界の方法論をヒントに、一考する価値は十分にあるだろう。

ダイナミックな変化の捉え方、読み方

新しいプライシングが浸透しやすい業界と、時間がかかるであろう業界の特徴について見てきた。

では、自分の所属する企業や業界にいつどのような変革が起こるのかをどのように読めばよいだろうか。筆者なりの兆しの捉え方を二つ紹介する。

一つはその業界における海外の事例、特に今では中国の先行事例に目を向けておくことである。小売り領域で言えば、アマゾンやウォルマート、クローガーといった欧米のトップ企業の動きは当然ながら見ておくべきだ。しかし、アメリカ、特にシリコンバレーの企業に注目が集まり、タイムマシン経営が流行した2000年代と比べて、2020年代の今は中国のプラクティスに目を向けていきたい。中国の小売りと言えばもちろん前述したアリババグループが代表格ではあるが、その周辺の決済やデリバリーサービスなども中国から新しい仕組みが生まれている注目領域だ。住まい、自動車、ファッションなどの業界においても、OMO（Online-Merges-Offline）と呼ばれる近年のデジタルトレンドの中で、サービス構造の抜本的な違いを持った新興企業が次々と台頭している。新しいビジネスモデルや変革のアイディアを求める日本企業の中には、すでに注力先をアメリカ・シリコンバレーから中国・深圳へと移し、情報収集や現地に足を運んで視察した人もいるだろう。

ただし、海外事例はそのコンセプトをあくまでヒントの一つとして見ておくべきである。国が変わり、業界構造が異なれば、新しいコンセプトやビジネスモデルの浸透の仕方も当然違ってくる。特に日本市場はガラパゴスとも呼ばれるように、グローバルでトップのサービスに対して日本発の企業が粘り強く、なかなかグローバライゼーションが進まない市場とされている。例えばアリババグループにおいても、中国で構築したビジネスプラットフォームを持って、同じことをそのまま日本でやってくるということは考えにくい。中国という十分に巨大な市場がそこにあり、日本という小さな市場で同じだけの投資をする意味合いは低いからである。

二つめのポイントは、規制やルールの仕組みを理解し、その変化に目を向けておくことである。実際のところ、宇宙開発やバイオの領域を除けば、新しい仕組みやサービスを作るために必要なテクノロジーが十分に揃っていることも多い。また、最新のテクノロジーには過剰な期待が付き物で、研究室での発明からビジネスでの実用までにかかる時間にブレが生じやすい。

それよりも、ルールの変化や機運の高まりを捉えるほうがメリットは大きい。例えばプライシングにおいては、**デジタルカルテル**と呼ばれるデータとアルゴリズムによる価格決定に関してのリスクと規制の議論が、公正取引委員会などで数年前よりスタートしている。第2章で紹介したライドシェアサービスのUberが2015年頃に日本に参入を試みた際にも、国内のタクシー業界を管掌する国土交通省が実証実験の停止を求めた例なども含め、規制によって新しいサービスの浸透速度は大きな影響を受けるものだ。鉄道やバスで検討されている運賃の見直しやダイナミック・プライシングの浸透も、その業界ルールがどれだけ自由化されるのか、その時期はいつになるのかという条件が最も大きな変数となる。

海外に目を向け新しいコンセプトを学び、国内の規制に目を向け新しい市場機会が開かれる瞬間をとらえる。できれば市場が開く数年前から先んじて取り組んでおくことができれば、スタートダッシュが切れるだろう。

変革というのは常に旧体制と新体制のせめぎ合いだ。どれだけ新しいビジネスモデルがもてはやされたとしても、旧来の仕組みのほうが得をする組織や人々により、変わることへの抵抗力は強く働くものである。大きな組織が、元の構造のままであろうとする慣性の力を侮ってはいけない。旧対新のせめぎ合いは、世代間の考え方の違いとしても表れ、一人の頭の中での葛藤としても表れる。新しいアイデアや変革案に納得感を持ちつつも、昔ながらの取引関係や慣れ親しんだやり方に引っ張られ、なかなか踏み出せないといった現象は組織としても個人としても起こる。

こうした二つの力がせめぎ合う中で、どこかで分水嶺を越えたとき、変革の機運が大きなムーブメントとして表れる。DX（デジタル・トランスフォーメーション）ブームや第三次AIブームと言われる近年のムーブメントも、元の技術革新は以前より一部のイノベーターたちの中では検討や取り組みが行われてきたものである。安価なサービスの登場によって導入のハードルが下がる、強く変化を促すビジネス上の危機が訪れるなどをきっかけに、最近になって分水嶺を越えたのだ。変革の背後にある力学と、その過程で生じるタイムラグを理解しておくことで、業界の変化を予測し、先手を打ちやすくなるはずだ。

ハーバード大学教授の語る価格適用の注意点

プライシングの影響度は大きく、そして適用範囲も広がっている。しかし、考えなしに価格を自由に動かしてしまうと問題がある領域もある。

ここでは価格と倫理について考えよう。

〝ハーバード白熱教室〞で日本でも有名なマイケル・サンデルの著書に『それをお金

で買いますか』（早川書房）という、市場と倫理について書かれたものがある。この世界にお金で買えるものは数多ある。それでも、あらゆるものに市場の原理を適用して、自由に取引してもよいのかということについて問いかけた本だ。

テーマパークにおいて、人気のアトラクションを優先して体験できるエクスプレスパス・ファストパスと呼ばれるような制度が導入されている。これは、通常では1～2時間並ぶようなアトラクションに対し、入場料金に加えて優先料金を支払うことにより、行列をスキップして時間を短縮することができる仕組みだ。来場者がこの権利を購入するかは自由だ。追加料金を支払って時間を節約することもできるし、行列に並ぶことでお金を節約することもできる。

では、同じ仕組みを医療の領域に適用してもよいだろうか。

臓器移植で考えてみよう。公益社団法人日本臓器移植ネットワークの統計によれば日本国内には1万5000人以上（2020年時点）の移植希望者がいて、割り当てを持っている。ここに自由市場主義の仕組みを導入してもよいだろうか。例えば、テーマパークと同じように、優先料金を支払うことで行列をスキップして先頭に立つことは許されるだろうか。反対に、臓器提供者を増やすために対価を支払うことは許されるだろうか。多くの方が直感的に思ったであろうとおり、これは国際的にはイスタンブール宣言に基づいて、国内では臓器移植法に基づいて固く禁止されている。血液についても同様で、日本赤十字社の取り組む献血に金銭的な謝礼が支払われないのもそのためだ。

イスタンブール宣言には次のように書かれている。

臓器移植は救命治療としてだけでなく、人間同士の連帯の象徴となった。しかしながら、このような功績も臓器取引や臓器摘出のための人身取引、また貧しく弱い立場の人々から臓器を購うために海外に赴く患者など、数多くの事例によって汚されてきた。（中略）イスタンブール宣言は、移植の恩恵は、世界中の貧しく弱い立場にある人たちに危害をもたらす非倫理的行為や搾取的な行為に依存することなく、最大化され、公平に、それを必要とする人々に分配されなければならないという、臓器提供や臓器移植の専門家と関連分野の同士たちの決意を表明するものである。

（臓器取引と移植ツーリズムに関するイスタンブール宣言 2018年版）

また、子供を生むことがビジネスとなっている国もある。インドでは2002年に代理出産が認められ、その市場は数十億ドルを超える巨額産業となったとされている。『それをお金で買いますか』によれば代理出産サービスの費用は6250ドルだ（現在はインドでも外国人の利用は禁じられている）。

代理出産にはリスクや負担が伴う。それに対していくばくかの謝礼が支払われることは必ずしも不正義とは言えないだろう。そして、さまざまな事情から代理出産を願うカップルは世界中に大勢いる。しかし市場の仕組みをこの領域に適用してもよいだろうか。貢献に対価が設定されていることで、念願の子供を家族に迎え入れることができる人は増える。一方で、本来的には困っている人を助けたいという思いをもとに成り立たせたい、こうした医療の仕組みに対して過剰な動機や依存を生んでしまうリスクもある。

医療や生命を扱う領域に、お金の力・市場の仕組みをどこまで活用してもよいのか。その答えをここで出すことはできない。しかし、価格によって生まれるインセンティブの人を動かす力が強いことを理解し、あらゆるものに闇雲に適用する前に、倫理的に問題がないのかとを自らに問い続ける必要があるのは間違いない。

プライステックの背景にあるテクノロジー

プライステックは、それ単独で発展してきたわけではない。プライステックが活かせる状態となった背景には、「Eコマース」「電子決済」「データ分析」という三つのテクノロジーの普及がある。それぞれについて解説しておこう。

Eコマース

日本のBtoC領域におけるEC化率は2019年で6・76%、市場規模は19・4兆円となり、前年比7・65%増のペースで拡大中だ。

商品の購入やサービスの予約がインターネットを通じて行われることが増え、購買記録がデジタルデータとして蓄積されるようになり、そのデータを活かしたダイナミック・プライシングが実現可能になっている。EC化が広がることで、新しい業界でもダイナミック・プライシングが活用されていくだろう。コインパーキングは現地の看板に書かれた価格を見て駐車することが主流だったが、近年では事前にWEBサイトから予約する仕組みも登場している。アキッパなど一部の駐車サービスでは、WEB予約時の価格を変動させるダイナミック・プライシングも行われている。

また、WEBサイト上では、タイミングや閲覧者によって、価格表示を変えることも容易に可能となる。第2章で見たアマゾンの価格テストもこの強みを活かしたものだ。スーパーマーケットなどの小売店舗では価格を変えるためには値札を差し替える必要があり、価格変更のコストが相対的に大きくなってしまう。

電子決済

お金自体の進化も当然ながら価格の進化と密接に関連している。そもそものお金の始まりは貝殻と言われていて、これは紀元前1600年頃のこととされている。そこから硬貨や紙幣など、さまざまに形を変えながらお金は世の中に浸透していった。

国が通貨を管理する中央銀行と言われる制度の誕生は近世になってからで、十七世紀頃のイングランド銀行の設立が起源と言われている。十八世紀から十九世紀頃になると、現代へとつながる資本主義や市場経済が確立していった。人々の崇める対象が神や王からお金や資本へとシフトしていった時代だ。同時代の経済史を紐解くと、大量生産の始まりや、経済学の基礎となった「需要と供給の理論（『経済学原理』アルフレッド・マーシャル）」の研究などが挙げられる。

今や当たり前に使うようになったクレジットカードの誕生は20世紀になってからだ。フランクやCharga-Plateと呼ばれる原始的な仕組みが用いられ、流通や航空会社が発行を個別に行っていたところからその歴史は始まる。１９５０年頃、さまざまな店で汎用的に使えるクレジットカードとして生まれたのが、今もサービスの続くダイナースクラブだ。

そこから時代は飛び、１９９０年代になって非接触型のＩＣカード技術としてフェリカが誕生し、２００１年にはその技術を採用したＪＲ東日本のＩＣカード「スイカ」がサービスを開始した。以来、電子決済の普及も進んでいる。電子決済を用いることで端数精算が楽になり、１円単位の価格調整も売り手買い手双方に面倒をかけることなく可能となった。実際に、ＪＲ東日本のＩＣカード乗車時運賃は、消費税率引き上げに合わせた２０１４年以降、最小単位が10円から１円へと変更となっている。こうした電子決済の普及は、Ｅコマースの発展とともに購買データのデジタル化にもつながっている。

アメリカではペイパルが1998年に登場。ペイパルとはピーター・ティールとイーロン・マスクらによって設立された、Eメールやインターネットを通じた決済サービスだ。

2000年代に入ると暗号通貨、ビットコインが誕生する。ビットコインは、ブロックチェーン技術を用いた中央管理の必要ない分散型のデジタル通貨だ。2021年にはエルサルバドルが世界で初めてこのビットコインを法定通貨としている。

2010年代に入ると、日本国内においてさまざまな通信キャリアやインターネット企業を中心として、キャッシュレスやQRコード支払いと呼ばれる新しい決済方法の登場が相次いだ。いわゆるキャッシュレス戦争と言われるような覇権争いが繰り広げられた。こうした動きによる決済データの集積は、パーソナライズドオファーなど、個人を軸としたデータ活用の可能性を広げていくだろう。

データ分析

2010年代にはデータ分析の技術やインフラが発展し、第三次AIブームと呼ばれる流行が起きている。こうした発展により大量の購買データの分析が比較的手軽に可能になったことも、プライステックの適用領域拡大につながったといえる。

また、プライステックの要素技術やコンセプトの中には、データ活用の進む広告業界のテクノロジー（アドテク）から転用されたものもある。2010年代に発展したアドテクから少し遅れた技術転用により、プライシングにおいても状況やユーザーを見分けた瞬間的な最適化が実現できる可能性も十分に考えられる。

プライステックはどのように発展していくか

プライステックも企業が活用するシステムの一つだ。他のシステムとどのようにつながり、どのように発展していくのだろうか。次ページの**図3-3**は、前掲のプライステック市場カオスマップから発展させる形で筆者の考案した、プライシングに関する企業システムのつながりとその全体像だ。

図の左は売り手サイドだ。売り手は経営上の目標を達成するために、時間・資金・

図3-3
プライシングを中心としたシステム同士のつながり

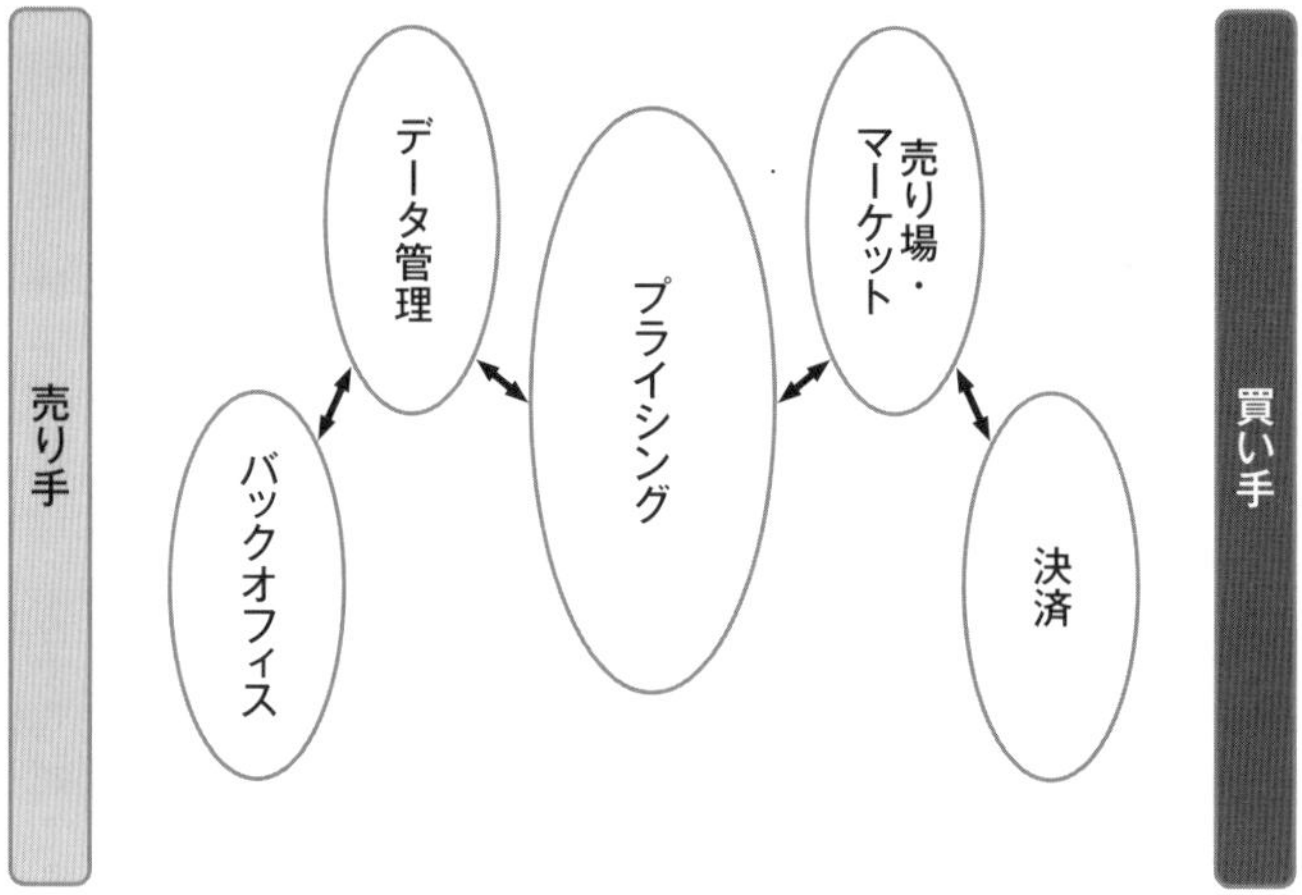

商品・労働力の最適な分配を目指す。売り手サイドのサービスカテゴリーには、マーケティング、マネジメント、基幹システムなどがある。

図の右に来るのは買い手サイドだ。買い手は一人ひとりが持つ時間・資金の中でできる限り満足できるような購買や行動を目指す。そして、売り手と買い手の間には、取引を行うマーケットがある。

■基本となる隣接領域

中央に位置するのはプライシングのカテゴリーだ。今はまだサービス提供企業が限られているが、新規参入が増えるにつれてこのカテゴリーも細分化されていくだろう。

プライシングの戦略設計やコンサルティング、データ分析や可視化、価格計算のモデル部など、個別に発展の余地のあるサブカテゴリーも多い。

プライシングのサービスは、それ単体では動かない。分析に用いるデータの取得先として、販売管理や在庫管理のカテゴリーとのシステム連携が必要となる。例えば、当社のサービスはホテル領域であればホテルの予約受付を行い、各日付の空室管理をしているシステムとの連携を行っている。これにより、ホテルのマネジャーは最新の予約状況を反映させながら、データ分析を行い、価格設定の検討が可能になっている。交通やレジャー領域であればこうした予約やチケットシステムとの連携、小売りやEC領域であればPOSレジとの連携が重要になってくる。

策定された価格の反映先として、ECサイトやリアル店舗などマーケットカテゴリーのいずれかへの連携も必要だ。現時点でプライステックが主に用いられているのは旅行予約サイトなども含む広い意味でのEC領域である。旅行、長距離交通、スポーツ観戦、インターネット通販など、WEBサイト上で価格を確認し予約や購入が行えるシステムであれば、価格の変更は比較的容易だ。それぞれの管理画面などから手動で変更することも可能であるし、プライシングのシステムとAPIなどで連携し自動反映することもできる。第2章で見たアマゾンのように、WEBサイトを閲覧している顧客属性に合わせて、違う価格や割引率を表示することも技術的には可能となっている。

直接管理を行うECサイトだけでなく、マーケットプレイスと呼ばれる外部企業の管理するECサイトへの反映も基本的には同様だ。楽天、ヤフー、アマゾン、エクスペディアなど、それぞれの出店者用管理機能を通じて価格設定を行うことになる。留意点があるとすれば、各マーケットプレイス側のキャンペーンやポイントプログラムなどによってある程度マネジメントしきれない最終価格の変更があること。複数のマーケットプレイスに出品している場合に、すべての価格を設定し直すことの作業コストがかかること。チャネルマネージャーなどの一元管理ツールを用いて効率化する企業も多い。

一方でスーパーマーケットやコンビニエンスストア、アパレルなどのリアル店舗においては、この価格の反映コストが課題となる場合がある。具体的に言えば、それは商品ごとにつけているアナログな値札の変更コストだ。一つの店舗で販売している商品数（SKU数）は、平均的なセブン-イレブンの例で約2500種類と膨大だ。これら一つひとつの商品に値札がつけられていて、それを差し替えていくとなるとコストが高い。十分な費用対効果を見込める店舗や商材は限られてくる。

この価格反映は、初めは開発コストの関係で手動での作業を暫定的に用いる場合もある。例えば対象商品を絞り、システムから算定した価格を店員が開店前の時間帯に差し替えるなどのテスト方法はあるだろう。しかし、リアルタイムに近いプライシングを実現するためには、電子棚札（電子ペーパーを用いた、無線通信によって書き換えが可能な値札端末）の普及も含めて、システム間の連携により自動更新されていく仕組みが必要になる。そこにはある程度の投資規模が必要だ。例えば大手家電量販店のビックカメラは、2019年から各店舗で電子棚札の導入を発表している。

また、EC化率の向上や、事前オーダー・事前決済などのリテールDXの進捗により、デジタルに提示価格を変更できる状態が広がることも、リテール領域におけるプライステック普及の鍵となっていく。

■マーケティング・データ領域

一部の業種では、買い手に合わせた価格やオファーを届けていくために、**CRM**（顧客データを管理するシステム）と、プライステックの連携も始まっている。このデータが連携されることで、過去の取引履歴に応じたオファーや、新規顧客と会員に異なる価格を提示するなどの設定がデジタルに行えるようになる。CRMは、以前から広告やデータ分析ツールへの連携が行われてきた。APIの整備など、システム間の接続は行いやすい状態であることが多く、プライシングへの活用も比較的容易に進められるはずだ。

また、当然ながらプライシングだけで事業課題のすべてが解決できるわけではない。マーケティングミックスに取り組む担当者にとっては、プライシングも、プロモーションもそれぞれが手段の一つである。それゆえ、まだ事例は少ないが、将来的にはプライシングとプロモーションが連動した統合的なマーケティング効果の分析システムが求められていくと考えられる。例えば店舗の予約状況や在庫状況に応じて「今は広告を増やすべきか、価格を下げるべきか」というように、効果的なプロモーションとプライシングの使い分けも実現可能になるだろう。

■仕入れ、バックオフィス領域

マーケティングとは少し離れるが、プライステックの考え方は仕入れや製造管理とも連動している。例えばアパレル業界においては、ロスが起こらないようにプライシングを工夫しながらも、当然ながら製造の段階でも作りすぎずに済むほうがよい。その究極的な例が受注生産であり、ロスを最小化できる方式である一方、規模や効率を考えるとすべての企業が導入できるわけではない。現実的な解決方法は、製造と販売という二つのタイミングで需要と供給のギャップを抑えていくことだ。中長期的な需要予測を基に製造数や仕入れ数の調整が行われ、短期的な需要予測や変動に応じて価格の調整が行われる形が最適である。

バックオフィスと呼ばれる管理領域にもプライステックは影響を与える。一律価格から変動価格にシフトしていくということは、その記録を行う会計管理や予実管理の柔軟性も必要となる場合もある。プライシングが変わるということは事業構造が変わり、管理方法やそのシステム要件も変わってくるためだ。プライステック導入を考える際には、こうした裏方のシステムやオペレーションへの影響も考慮していく必要がある。

■決済領域

価格の合意ができ、取引を決めた買い手と売り手を最終的に結ぶのは決済の仕組みだ。プライステックが発展する上で、決済サービスとの連携は欠かせない。広義のオファー、インセンティブという意味においては、すでにキャッシュレス・アプリやクレジットカードなどにおいてポイントの付与やその変動は行われている。前述した東京メトロのオフピークポイントプロジェクトも、ICカードという決済の仕組みがあるからこそできた取り組みだ。

こうした決済サービスや、先に紹介したCRM、プロモーション領域とのシステム連携が進んでいくと、最終的には大きなプライステック・エコシステムが形成されることになる。

マーケティング・ソリューションと呼ばれるインターネット広告やメール配信、WEBデータ解析などの領域では、すでにシステム同士がAPIを公開し合うことで、容易に連携が行えるようになっている。プライステックも各種システムの接続性が増すことで、売り手はより統合的な戦略を実現できるようになり、買い手はより最適化された購買体験を得られることになる。

一方でここまで見てきたように、売り手にとって統合して考えるべき領域や、調整していく買い手との接点は複雑多様だ。プライステックでできることの発展に伴って、マーケティング全体の戦略を描き、必要なシステムやデータの連携を進め、オペレーションに落とし込んでいける人材はより重要な存在となる。CMO（チーフ・マーケティング・オフィサー）やCXO（チーフ・エクスペリエンス・オフィサー）と呼ばれる責任者ポジションの擁立や、その管掌領域の拡張も必要となっていくはずだ。

第3章のまとめ

・プライステックとは、プライスとテクノロジーを組み合わせた造語で、その名のとおりプライシングを行うための技術やサービスの総称である。価格を決める主体者やタイミングによって分けられた三つのカテゴリーがある。

・ダイナミック・プライシングは、売り手主導で、主に時間軸での需要変動に対応して行われるプライシングのこと。航空業界、ホテル、観光、交通、Eコマースなどで適用されてきた。

・プレ・プライシングは、売り手買い手双方が関わり、購入の直前に価格が決まるプライシングのこと。オークションやフリマアプリなどが代表的。

・ポスト・プライシングは、買い手主導で、サービスの体験後にその評価を踏まえて行われるプライシング方法。Pay as you like 方式とも呼ばれ、適切な価格帯がわからない新商品や、多くの人に体験してもらいたい商品などに用いられる。

- 新しいプライシングの活用が進んでいるのは、観光、交通などの、①在庫を翌日に持ち越せない ②需要が時間軸で変わり、ムラが大きい ③供給量が固定的 といった特徴のある業界だ。似た特徴を持つ物流、サービス業、外食などの業界でもこれから進んでいくと考えられる。
- プライステックの広がる背景には、「Eコマース」「電子決済」「データ分析」という三つのテクノロジーの普及がある。

第4章

ビジネスを大きく変える これからのプライシング

プライシングはすべてに通ず

価格1・0から3・0への時代の変化を追い、そして価格3・0の時代を象徴するソリューションであるプライステックについて考察してきた。では実際にこれらの新しい考え方、新しいプライシングの方法論を取り込み、プライステックを用いて自社のプライシングを進化させるにはどうすればよいだろうか。成功確率を高めるためには、どのように考えるべきだろうか。

この章では具体例を挙げながら、プライシングがビジネスを大きく変える理由、意味合い、取り組み方を見ていこう。

第1章で見たように、プライシングは売り手と買い手のコミュニケーションであり、その影響は複合的かつ広範にわたる。ビジネスにとって重要な三つの要素、自社・顧客・従業員に影響する、キーレバーである。

プライシングの企業へのインパクト

企業の利益は売り上げ−費用で表される。さらに分解すると、単価×販売数−費用

図4-1
プライシングは利益に直結する

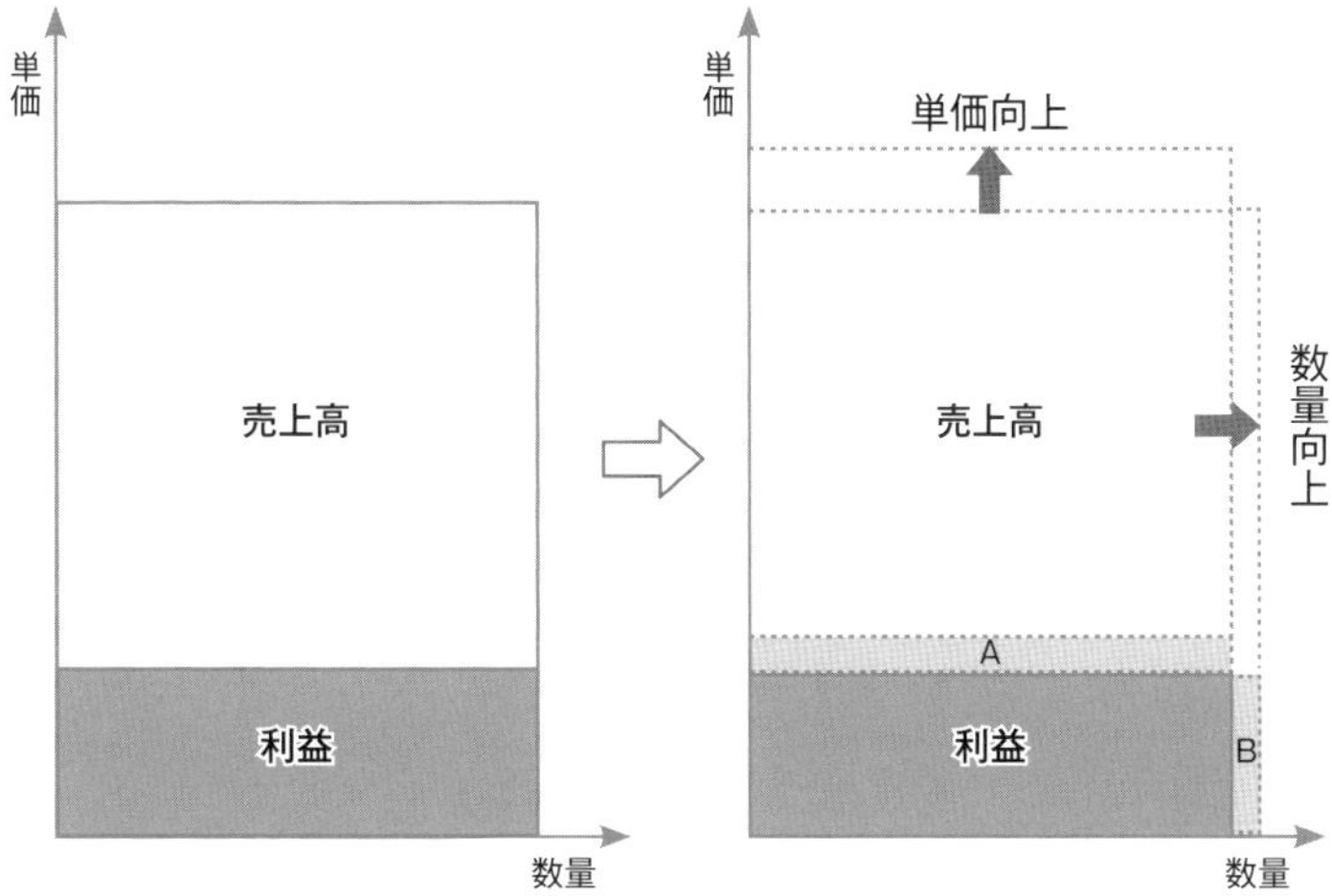

（変動費＋固定費）＝利益となる。このうち、最も利益に対して大きなインパクトがあるのは単価だ。そのインパクトは平均的には数量向上（販促）の約3倍、コスト削減の約2倍だ。

なぜプライシングは企業の利益に直結するのか。それを表したのが**図4－1**だ。

縦軸が単価、横軸が販売数量のグラフで見たとき、売上高は長方形の面積で表され、そのうちの何％かが利益（濃いグレーの長方形部分）となる。この事業の単価が1％向上した場合と、数量が1％向上した場合を比較してみよう。どちらの場合でも、改善後の売上高は同じだ。しかし、利益の向上幅は大きく異なる。図の薄いグレーで示された部分、AとB

図4-2
価格を1%上げた場合の効果

価格戦略のもたらす利益へのインパクトは
販促の3倍、コスト削減の2倍と非常に大きい

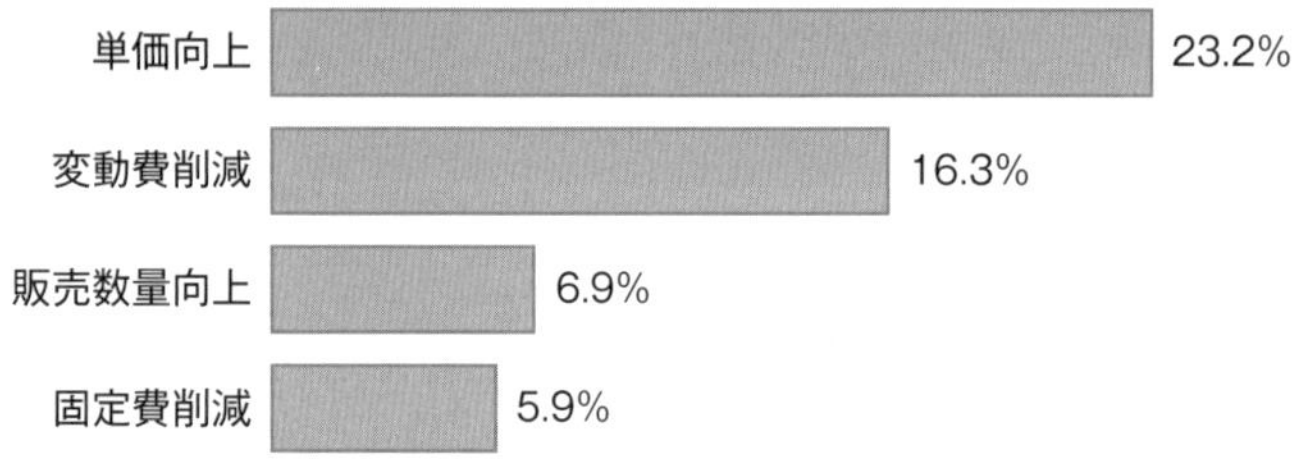

1%改善したときの営業利益の向上効果（国内企業平均）
数値：菅野誠二著『値上げのためのマーケティング戦略』（クロスメディア・パブリッシング）

の面積を比べてみてほしい。この違いは何だろうか。

実は単純だが見落とされがちな話で、数量が向上した場合には、その商品を製造〜流通するための原価もその分増えることになる。利益率はそのまま、規模が拡大するのみだ。一方で単価が向上した場合には、数量が変わらなければ原価もそのままだ。つまり、増加した分の売上高（図のA）はそのまま利益として得られることになる。

単純計算のために売上高１００億円、利益率５%、利益５億円の事業があるとしよう。この事業の販売数が１%増えたとき、増加する売上高は１億円。利益率は５%のままなので、１０１億×５%で利益は５億５００万円。つまり、５００万円の利益向上だ。この事業の単価が１%向上したときにも、増加する売り上げは１億円だ。だが今回はこの1億円がそのまま利益に加算され、利益は6億円となる。つまり、1億円の利益向上だ。５００万円と1億円、この20倍の差が利益に対する数量と単価のインパクトの違いだ。

１％の単価向上が20％もの利益向上に直結する理由がおわかりいただけただろうか。そして、その効果は現状の利益率が低い事業ほど大きい。効果を自社に当てはめて単純計算する場合には、現状の利益率で１％を割ればよい。利益率5％なら今回の例のように１％÷５％＝20％。もし利益率１％なら１％÷１％＝１００％、つまり単価が１％高まることは利益が2倍になるほどの意味を持つことになる。

このように単価の向上１％は、販売数量の向上１％よりもリターンが大きい。つまり、同じだけ努力をするのであれば、より効率がよい取り組みであるということだ。マーケティング全体を俯瞰して取り組んでいく部門や責任者の目線では常に、販促の機会よりも単価向上の機会を得るほうが、より大きく利益が返ってくるということを覚えておくべきだ。

当然ながら、単価は常に上げればよいわけではなく、下げるべきときもある。ここで指している単価向上とは、全体を一律で値上げするのではなく、販売方法や状況によって幅のある価格を設定し、結果的にその平均単価を向上させるということである。

航空券を例に考えよう。

羽田空港から福岡空港までを運行している一般的な航空機の座席数は200席前後、乗車率は国内線の平均が70％程度なので、一回の運行でおよそ140席が売れているということになる。各社が国土交通省に提出している普通運賃表を見ると、羽田空港から福岡空港の片道運賃は通常期で3万9000円、ピーク期で4万1000円程度（2019年）だ。

単純化するために、こうした航空便が1日当たり10往復している（つまり20便／日）と仮定する。乗車率は平均70％で変わらないとして、プライシングによって収益はどのくらい変わるだろうか。

年間通して運賃を変えずに販売した場合には、その収益は次のように計算できる。

3万9000円×140席×20便×365日＝398・6億円

一方で、営業日全体の25％をピーク期とみなし、4万1000円で販売した場合の収益は次のとおり。固定運賃との差は約5・1億円だ。

（3万9000円×75％＋4万1000円×25％）×140席×20便×365日＝403・7億円

このように、一部の価格を変えただけで年間5億円以上、1・2％も収益が変わることがわかる。営業利益率が8％程度（2019年頃の水準）の航空ビジネスにおいては営業利益の15％もの変化だ。それが、年間数千億〜数兆円の事業規模を持つ航空会社全体で取り組まれたときの収益インパクトは大きい。

日本航空（JAL）は2017年に800億円かけて基幹システムを刷新し、特にレベニュー・マネジメントに関する機能強化を行った。その結果、翌半年で130億円の増収を果たしたと発表している。1980年代のアメリカン航空で年間5億ドルをもたらしたプライシング戦略は、現代においても非常に大きなインパクトを生んでいる。

プライシングの顧客へのインパクト

プライシングについて、買い手は企業であれ個人であれ敏感に反応するものだ。

2019年に日経ビジネスで行われたダイナミック・プライシングに関するアンケートでも、その受け入れや影響についてさまざまな声が上がっている（**図4－3**）。購買行動に対して、価格というのは常にウオッチされ、吟味される要素であるのは間違いない。私たちは広告を見ずに何かを買うことはあっても、価格を見ずに買うことはめったにないはずだ。

また、価格設定はサービスの利益構造をおのずと決め、それにより一人ひとりのお客様に対するサービスのクオリティの限界が決まってくる。さらには、受け入れられる買い手の数、顧客数も決まってくる。平均的な水準よりも低単価でビジネスを回していくのであれば、1人から得られる利益は少ないため、それだけ多くのお客様に商品を販売していく必要がある。

ファストフードと高級ホテルのレストランを想像してみてほしい。より丁寧できめ細やかなサービスが提供されるのは当然ながら高級ホテルである。それができるのは私たちが高級ホテルの料理や飲み物に、より高い価格を支払っているからだ。質や原価に差のある料理やサービスに限らず、同じブランドのコーラであっても、高級ホテルでは高い単価設定がされ、私たちはそれを受け入れている。一方で高級ホテルはそのサービスの手厚さや顧客の居心地を保つことを考えると、多くの顧客をさばくこと

図4-3
ダイナミック・プライシングの印象

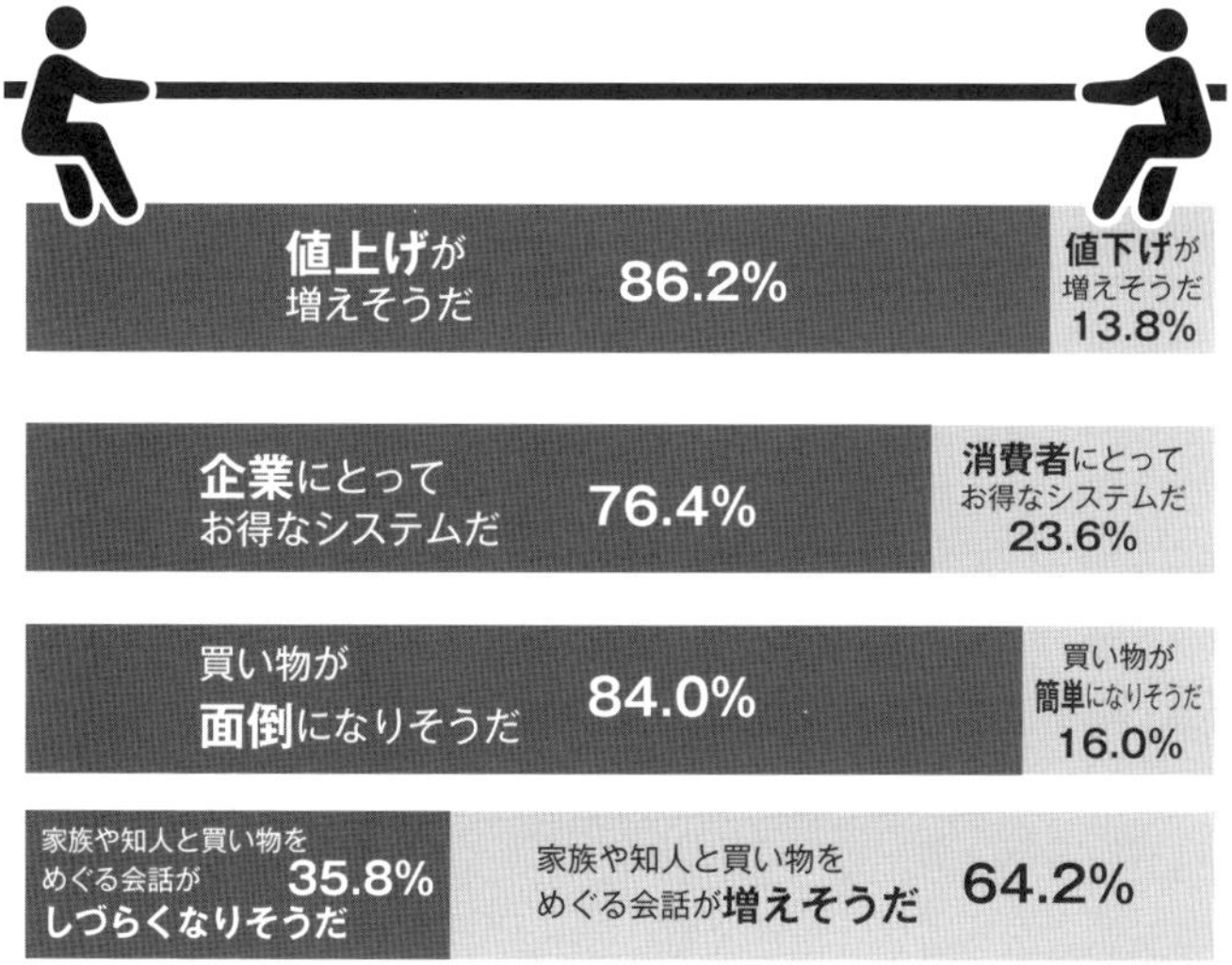

出所：日経ビジネス 2019.3.18　https://business.nikkei.com/atcl/gen/19/00024/031300001/

ができない。ファストフードのような薄利多売から、高級ホテルのような厚利少売まで、プライシングによって顧客に対するサービスの質と量の限度がおのずと決まっていく。

そして、プライシングは売り手と買い手のコミュニケーションでもある。買い手は、価格を、売り手からのメッセージとして受け取る。「ラーメン1杯に1200円の価格をつけているということは、相当なクオリティなんだろう」という具合だ。ここで売り手が信じる価値と、買い手が実際に感じた価値が合致すれば約束は果たされ、関係性も深まる。逆に価値と矛盾したプライシングを行うと、顧客の期待は満たされず、裏切られたと感じてしまうこともある。

このように、プライシングの変更は常に顧客との関係に大きな影響をもたらすことを意識する必要がある。

プライシングの従業員へのインパクト

企業にとってもう一つ重要な存在が従業員だ。働き方改革やＥＳ（従業員満足度）に関するニュースの盛り上がりを見ても、従業員というステークホルダーの存在感が増しているのが感じられる。従業員とプライシングにはどのような関係があるだろうか。

最も影響を受けるものの一つは、ノルマや目標設定だ。商品の単価によって、同じ売上高や利益を稼ぐために必要な販売数は変わってくる。単価が安ければ安いほど、そして利益率が低ければ低いほど、より多くを売らなければ売上や利益を積み上げられない。薄利多売と厚利少売には優劣があるわけではない。市場の特性でおのずと決まる部分もあり、各社の戦略上の選択の問題でもある。ただ、社会で働き方改革が声高に叫ばれるように、従業員の長時間・高負荷業務が問題視されている。こうした課題が指摘される中で、薄利多売からのバランスを見直すことも必要となっていくだろう。目標の厳しさや通年の忙しさだけではなく、特別に忙しい時期と暇な時期の波＝繁閑の差にもプライシングは影響する。プライシングによって、需要の波を抑え、稼働率を安定させることが可能だ。

需要と供給の状況によって価格の上げ下げを行うことで、需要の平準化効果が得られる。需要の平準化とは何か。簡単に言えば、忙しいときには価格を上げることによってその時期の販売数を減らす。逆に需要の低いときには価格を下げたり、お得なオファーを行うことによって販売数を増やすことだ。もともとの買い手を需要が高い時期から低い時期へとタイミングを移す効果もあれば、安くなった時期に新しい買い手が入ってくる効果もある。

逆に言えば、固定的なプライシングで販売していると、買い手にとって都合のよい時期に集中し、繁忙期と閑散期の差は縮まない。年末商戦やゴールデンウィークなど、各業界にある繁忙期は当然ながら稼ぎどころだ。ただ、その時期のプライシングもいつもとあまり変わらないとすると、従業員は短期的に激務を強いられることになる。従業員の満足度や、安定的なパフォーマンス、それによる事業の永続性のためにも、柔軟なプライシングによってできる限りの需要の平準化は志向すべきである。

図4-4
プライシングによる需要の平準化

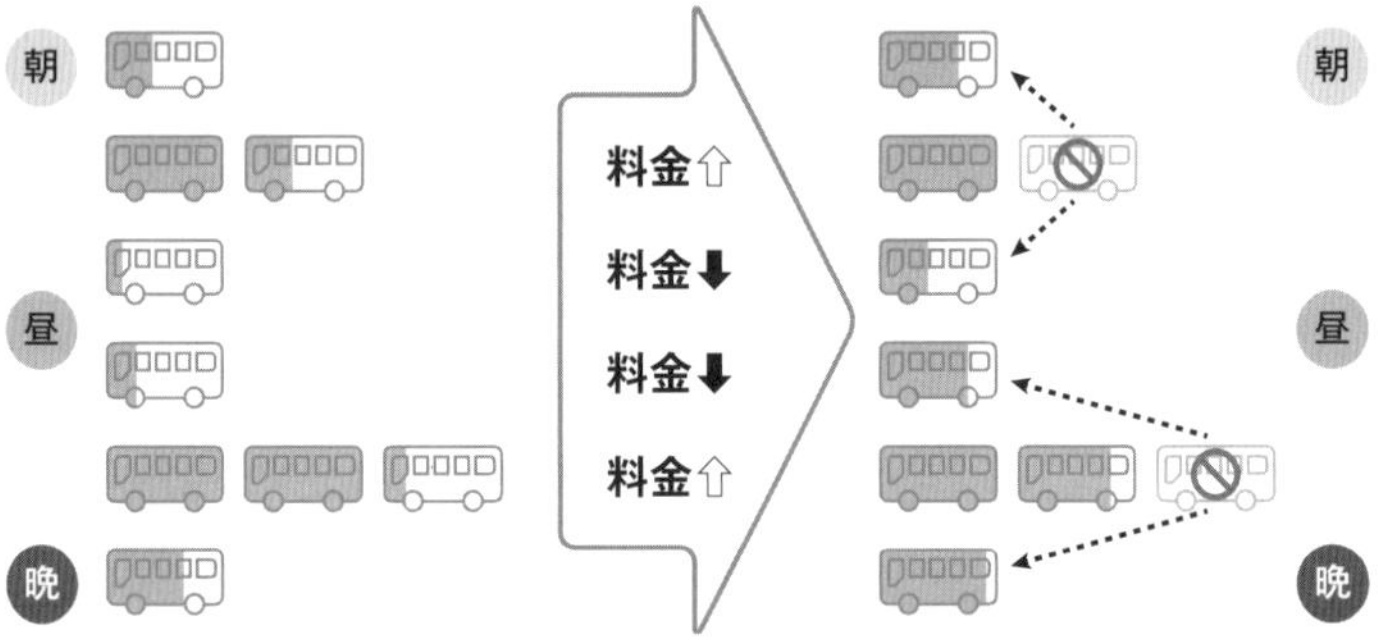

プライシングによって顧客へのサービスの質や、従業員の労働負担が大きく変わっていくということを見てきた。これは企業によっては、薄利多売から適利適売、厚利少売へとリバランスするという話にもなる。リバランスするということは、場合によって顧客を減らす覚悟や、売り上げを減らす覚悟があるかを問われる。

売り上げだけを比較すればさらに安くしてでも顧客を多く取ったほうがいいかもしれない。一方で、利益やサービスのクオリティ、従業員の満足度といったことを考えると、できる限り安売りすることはなく、適切な利益・適切な販売数量にリバランスしていくほうがよい。

理想を言えば、既存のお客様・既存の買い手と合意ができて、時期によっては安くするところ、そして高くするところに合意してもらうのが最善だ。ただし、時に仕事を断る、時に販売できないお客様が出ることを容認していくといった、心理的な負担のある判断になるのは間違いないだろう。

先にも紹介した日本銀行の調査においても、価格の硬直性をもたらしている要因として「顧客との関係上、むやみに価格を引き上げることができない」という取引慣行が最も強く意識されているという結果が出ている。

プライシングを見直すことは、さまざまなステークホルダーに影響を与える。その過程で躊躇する意見が出るのは前提として、何が自分たちのサービスや業界、そして顧客にとって最善なのかを考えるようにしたい。

未成熟な分野だからこそ、使いこなせると優位性になる

このように、効果的なプライシングが実行できれば、企業・顧客・従業員に大きな

利益をもたらす。しかし、マーケティングの4P（プロモーション、プロダクト、プレイス、プライス）の中でも、プライシングは最も未成熟といわれる分野だ。企業の中で、技術・経験・組織に十分な投資が行われてこなかった。

大企業であれば商品のプロモーションを担う部門、宣伝部やマーケティング部があるだろう。より力を入れる企業であればCMO（チーフ・マーケティング・オフィサー）を置くところもある。一方でプライシング部や価格戦略部、CPO（チーフ・プライシング・オフィサー）は置かれているだろうか？　ほとんどの企業でそうした専任部門を見かけることはない。さらに聞くと、「誰がこの商品の価格を決めているか曖昧だ」「なんとなく商品部と営業部の相談で決まっているようだ」というケースも往々にして存在する。このような組織不在が続いたことで、プライシングの仮説検証を経験できる機会は乏しく、企業としてその技術が十分に積み上がってこなかったのが現状だ。

事業に大きなインパクトを持つのに十分な投資がまだ行われていない、ということは、逆に大きな成長のチャンスでもある。プロモーションやプロダクト、プレイスの改善は各社競い合うように注力してきてこれ以上の差別化はなかなか厳しい。一方でプライシングは未成熟で各社横並びという状況ならば、ここに新しい手を打てれば大きな差別化につながる。未成熟領域、だからこそ武器になる。だからこそ学ぶべきだ。
価格3・0の時代に合わせてプライシング戦略をアップデートすることには時間がかかる。事業の戦略、ビジネスの構造、人材や組織。さらに、プライステックを含むシステムのアップデートや新規開発など、あらゆる変革が必要だ。それは硬直的な商習慣から、より動的で相対的な商習慣へ移行するため、自社のカルチャーまでも変えていくという視野へと広がることもある取り組みとなる。これらはすべて一朝一夕でできることではない。しかも、新しいプライシングは、導入したからといって、すぐにうまく回るものでもない。しかし、もし今の業界がいずれ変動価格にシフトしていくと読むのであれば、またはすでに動き始めている企業があるのであれば、早く動き出したほうが有利なのは間違いない。

プライシング戦略に関するベストプラクティスの共有もこれまでは乏しかったが、近年では少しずつ見られるようになった。業界の発展のためにも、各社の試行錯誤とその知見の共有がより増えていくことが望ましい。マーケティングの世界や経営の世界では、たくさんの書籍出版やカンファレンス、セミナーが開かれている。各社がプライシングの創意工夫を進めることでこの領域でも集合知が形成され、成熟が加速していくはずだ。

「最適価格」は一つではない、プライシングはプロセスである

新しいプライシングに取り組むにあたり、誤解のないよう、初めにきちんと理解しておきたい考え方がある。それは、「最適価格」は一つではないということだ。

データを使ったプライシングや価格最適化というワードを聞くと、まるでただ一つの正解が導き出されるイメージを持たれてしまうかもしれないが、それは現実のビジネスにおいては誤った期待だ。短期的な売り上げを最大化する価格、長期の収益を最大化する価格、まずは試用を促す価格など、戦略によって「最適」は変わる。また、目的や戦略が定められたとしてもいきなり最適解にたどり着けることや、それが最適であるという証明を試みることはさらに難しい。その理由の一つは、第3章で見た、過去にさまざまな価格で販売した十分なデータがないというものだ。

もう一つ課題となるのが、計算された結果やデータ分析の理由について十分に理解

できる組織レベルであるか、ということだ。仮にこれがベストだという計算結果がプライステックやAIなどで導き出されたとしよう。そのようにして得られた結果を信じて任せられるかは、企業のデータ分析に対するリテラシーとカルチャーによって決まる。データ分析の手法には、ルールベースを中心としたシンプルなものもあれば、ブラックボックスと呼ばれるような算出の理由が示されないもの、または理由を理解するために相当なデータ分析の知識が求められるものもある。より高度な手法を用いるのであれば、組織としてのデータリテラシーの向上も鍵となっていくだろう。

実際にグーグルなどが提供するデジタル広告の領域でも、入札戦略や広告のターゲティング戦略において、自動化技術やデータサイエンスに基づいた高度な手法が用いられている。しかし、これでさえ初めは広告主が理解するのがなかなか難しいそうだ。データ分析を基にしたソリューションは、まずは担当者が自分の頭で考えてオペレーションを回せる段階になってようやく、「データとシステムだけに任せて手離れしよう」といったことが実現してくるのが現実的なところではないだろうか。

自社にとって新しい取り組みであるならなおさら、小さく始めて改善を繰り返すというアプローチをおすすめする。誰かが導き出してくれる一つの答え、を期待するのではなく、自ら試行錯誤を繰り返しながら探していく「プライシング」が重要だ。

基本のステップ

次のリストは、プライシングに取り組む企業を支援してきた筆者が定義した「プライシング成功への6ステップ」である。第3章で紹介したダイナミック・プライシング、プレ・プライシング、ポスト・プライシングのどの手段を採用する場合にも適用できるよう一般化しているが、最もケースとして多いダイナミック・プライシングをイメージしながら読むと理解しやすいだろう。

なお、より詳細なステップや検討事項に関心のある方は、本章最後のコラムを参考にしてほしい。

1．プロジェクトの目的と課題の具体化

プライシングに取り組む目的や、解決したい課題を具体化し、ゴールの認識を揃える。

2．リサーチの実施、機会損失ポイントの特定

現状のオペレーションや組織体制、蓄積されたデータなどを調査し、プライシングによる機会損失が発生しているポイントやパターンを特定する。

3．解決策仮説の構築と合意

機会損失を抑えるためのプライシング方針や、効果的なプライシングを行うためのシステム／オペレーションについての仮説を構築する。

4．プライステック・ツール／システム実装プランの確定

システム導入やデータの連携に必要な期間や費用を見積もり、プランを確定する。

5．ツール／システム実装、運用開始

システムの実装が完了すると、運用開始となる。ここまでの調査と仮説をもとに、初期のプライシング条件の設定や、新しいオペレーションへの移行を行う。

6．継続的改善や拡張

継続的に検証を行い、組織のトレーニングや適用領域の拡大など必要な改善策に取り組む。

新しいプライシングへの移行はどのように始まるか

プライステックを導入する以前から、手作業によって価格の変動を始めていた企業は多い。交通領域のある例を挙げると、一律価格で販売していた交通路線について、変動的な価格設定を手作業で行うようになった。その結果、情報収集やデータの集計、新しい価格への反映といった作業コストが高いという課題を抱えていた。これを効率化、高速化するために、ダイナミック・プライシングシステムを導入することにした、というのが典型的なプロジェクトの始まり方だ。

一方で、ダイナミック・プライシングやポスト・プライシング、プレ・プライシングといった方法論やソリューション提供企業が登場し、土壌も整ってきた。企業によっては、いきなりシステムを導入し、一律価格から自動的な変動価格へと一足飛びに移る例もある。

いずれのアプローチであれ、考慮すべきポイントやプライシングの本質が変わることはない。

顧客を常にセンターに置く

基本のステップをなぞれば、業界・商品を問わず各企業においてプライステック導入の失敗確率は抑えていけるはずだ。少なくとも、その道程のイメージは持ちやすくなったのではないだろうか。

全ステップを通して、忘れてならないポイントが一つある。それが顧客を常にセンターに置いて考える、ということだ。課題や機会損失から順番に考えることで、企業としての有効打は構想しやすい。自社内の理解も得ていきやすいだろう。ただし、その結果として実行されるプライシング施策が、顧客にとって不便だったりわかりづらかったりするものになっていないかは常に注意が必要だ。

確かに、新しいプライシングで企業が機会損失を減らすと、顧客やタイミングにとって今まで享受できていたお得感が下がるという一面はある。今まで「安すぎた」価格が適正化されるということだ。しかし、そのプライシングの仕組み自体が顧客に受け入れてもらえないことには始まらない。顧客にとっての価値とは何か、逆に不便に感じていることは何か。変えてもよい習慣と、変えられない習慣は何か。そうしたことを顧客の視点になって考え、共感し、理解が得られる仕組みを構想していくこと。それが、顧客を常にセンターに置くという意味だ。いずれの業界においても、プライシングは顧客に新しい選択肢を提示し、柔軟な選択を増やすというコンセプトを持っておこう。

プライシングをコミュニケーションとして捉える

プライシングとは合意形成のプロセスだ、と述べた。つまりそこにはコミュニケーションがある。広告にはコミュニケーションデザインの分野があるが、プライシングも同じようにコミュニケーションの一つとも捉えられる。プライシングは数字やデータをもとにした、あくまでデジタルな話のように捉えられることが多い。当然その側面もあるが、心理面や印象の側面もそれと同等以上に大切だ。

というのも、人間にとって数字を数値として受け止めるということは意外と難しい。2円なら2円の価値、100円なら100円の価値と捉えるよりは、印象で受け止めるのが人間だ。例えば2000円と1980円の差はたった20円だが、後者が一千円台となったことでそれ以上に安く感じられたことがあなたにもあるはずだ。それが機械とは違う人間の曖昧さでもあり、面白さでもある。

プライシングも一つのコミュニケーションとして捉えていくと、押しつけがましくない、買い手から見たときに納得感のある気持ちがいい価格設定ができる。これは価格だけではなく、例えば商品のパッケージなどでも言える。これだけ高級そうな箱に入っているということは商品それ自体のクオリティも高いのだろう、というようにパッケージも一つのメッセージとなっている。

同じように、設定された価格からも人はメッセージを受け取る。一般的な水準より高く設定された価格を見ると「高品質や特別な体験があるはずだ」という期待値が持たれ、安く設定された価格を見ると「ワケありなのか?」という疑念が持たれる。高い価格は売り手の自信や強い意志を、安い価格は売り手の自信のなさや慎重さを表すとも言える。

プライシングやパッケージを含むコミュニケーション・デザインの対象すべてが、売り手から買い手に対してのメッセージとなっている。気軽に試してほしいエントリー向け商品に高値を設定し、高圧的なメッセージとなっていないか。反対に、本当は価値の高さを伝えたい商品の価格を、必要以上に安く設定し、安物と見られてしまうような状態となってしまっていないか。このように届けたいメッセージと価格が矛盾していないか、できるだけ客観的に考えていくことが必要だ。

プライシングは売り手から買い手への一方通行のメッセージを超えて、双方向の対話の機会でもある。これは価格2・0の時代、一律価格においては忘れられがちだったが、重要なポイントだ。メルカリや露天商のように、価格交渉があるときはこれが顕著に感じられるはずだ。何円で買ってくれ、いや何円まで負けてほしい、これならどうだ、というふうに対話を繰り返しながら価格が決まっていく。

B to Bの営業担当者ならわかるとおり、取引先に見積書で価格を提示することは、単純に数字を羅列して出すというものではない。その価格となった理由をどのように説明するか、見積書にどのような費用科目として表記するか、といった細かい要素をコミュニケーション全体として組み上げていくものだ。また、取引相手の予算、「払ってもいい額」を聞き出すことも重要な営業スキルとなっている。

プライシングはメッセージであり、双方向のコミュニケーションであるということを意識すれば、より受け入れられやすい設定が行える。売り手の合意を得ながら、買い手としての目標も果たしやすくなるはずだ。

コラム　プライシング成功への6ステップ

より実践的な情報が必要な方向けに、筆者が企業を支援する際に用いる「プライシング成功への6ステップ」の詳細版を紹介する。

プライシングの6ステップ

1. プロジェクトの目的と課題の具体化
2. リサーチの実施、機会損失ポイントの特定
3. 解決策仮説の構築と合意
4. プライステック・ツール／システム実装プランの確定
5. ツール／システム実装、運用開始
6. 継続的改善や拡張

1．プロジェクトの目的と課題の具体化

初めのステップであり、最も重要なステップでもあるのが、この「目的と課題の具体化」だ。ここがどれだけ具体的に定められているか、どれだけ社内の共通認識が取れているかで、その後のステップの進めやすさが大きく変わってくる。

当然ながらビジネスにおけるその他の取り組みにおいても、目的と課題の具体化は重要だ。その中でもことさらプライシングにおいて重要性を訴える理由は、プライシングのKPIがバランス型となるからだ。バランス型KPIとは、どちらかを上げればどちらかが下がるというトレードオフのあるKPIを意味する。プロモーションや営業活動の場合は、最終的には販売数・成約数のような単一指標に集約される。販売までのプロセスを因数分解し、それぞれのKPIをただ高めることを志向すればよい。しかし、プライシングは単価×販売数のバランス。単価を上げれば販売数は下がり、販売数を高めようとすると単価が下がる。このシーソーの上でバランスを取るような思考が求められる。それだけ、迷いが生じやすい。

だからこそ、目的を細かいレベルで明確にしておくべきだ。「プライシングでただ売り上げを伸ばしたい」という目的設定ではまだ具体性が足りない。バランスに迷ったときの判断軸となるような目的まで分解しておく必要がある。

このときにおすすめなのが、「解決すべき課題」から考えることだ。売り上げを伸ばしたい、利益を高めたい、というのはすべての会社で共通で言えることであり、このままでは解決策を考えられない。何段階か踏み込んで、ではなぜ売り上げが伸びないのか、どこで利益を減らしてしまっているのか、という問いを立てていく。そうして特定した最もクリティカルな課題を明文化し、この課題を解決することを目的としよう。この段階では、まだ課題は仮説のレベルで構わない。後のステップで検証を進めることになる。

実際のプロジェクトではこの段階で簡易的なリサーチや、方針を決めるためのワークショップを行う場合がある。これは新しいプライシングに取り組む目的がまだうまく言語化されていないことや、プロジェクトの責任者には強い意志や戦略があってもそれが社内の共通認識となっていないことが度々あるからだ。この本で述べてきたような、マーケティングの各要素を連動させ、事業の収益バランスを変えていくような戦略を導入することは簡単ではない。

部門によって価格に対する考え方や、そもそもの事業の伸ばし方に対する考え方も異なる場合もある。特にこれまで販売数を重視して値引きが常態化していたり、顧客との交渉力が弱く顧客を失わないためにボリュームディスカウントを多用したりといった、営業カルチャーの強い企業では注意が必要だ。

一枚岩で新プロジェクトが始動するのが最善だが、現実の企業においてはなかなか難しい。このことを前提に、どのように合意形成をし、どのように各部門の主体性を引き出していくかというのも、プライシング責任者の重要な役割となる。

2. リサーチの実施、機会損失の発生ポイントの特定

十分に目的を具体化した上で、次に行うのは機会損失の発生ポイントを特定するためのリサーチだ。遠回りに見えるかもしれないが、どのようなプライシングを行うべきかという手段の検討の前に、具体的な機会損失を特定す

ることが重要となる。

第3章で見たように、プライシングでできることは商品のポテンシャルを最大限に活かし、機会損失（払ってもいい額と販売価格のギャップ）を抑えることである。つまり、どこに機会損失があるのかによって実行すべきプライシングは異なる。

ダイナミック・プライシングやAIといったキーワードに飛びつきたくなるが、銀の弾丸はない。ソリューションの前に解決すべき課題を明確にする必要があり、プライシングの場合は機会損失から考えていくべきだ。

機会損失とは、簡単に言えばあと少し工夫をしていれば得られたかもしれない売り上げや利益のポテンシャルのことである。

あと100円高くても買ってくれる人がいたかもしれない、ある顧客に1万円で販売したが実は2万円でも買っていたかもしれない。このように、実際に売れたよりも高い価格を設定する余地があった場合が、価格向上の機会損失だ。これを示すわかりやすいシグナルは早すぎる売り切れである。

反対に商品やチケットが売れ残り、もう少し安ければ買えた人がいたというのが、販売数量向上の機会損失だ。売ってもいい額の下限を考えるとまだ安く設定できたのにもかかわらず、価格が高すぎて売れ残った場合などがそれに当たる。

機会損失をなくしていくということは、事業における〝もったいない〟をなくしていくことだ。売り切れや売れ残りの一つひとつがそれに当たるとすれば、ほぼ毎日、事業のどこかで機会損失が生じていると考えてよい。売り切れや売れ残りがなく、ぴったり最適なペースで売り抜けるというのは実際は非常に難しい。

それは、どんな事業でも探してみればもったいない改善余地が見つかるはずということだ。物流業界であれば、トラックの容量や倉庫の空きスペース。使われることなく収益化できていない遊休資産が、日や時間によってはあるのではないか。小売業界であれば廃棄してしまう食品や商品のロス。サービス業であればスタッフは勤務しているがお客のいない待機時間。または、うまく売れたように見えても顧客体験が悪く、リピーターやライフタイムバリューを損なってしまった場面。

このような機会損失ポイントを、仮説を立て、データ分析で特定していくというのがこのステップの基本だ。実際のリサーチは、以下のようなプロセスで進む。

①担当者の経験則や、業界でのある程度の共通項目をもとに機会損失ポイントの仮説を立てる

②その仮説をデータで検証する

③機会損失の大きさや、発生頻度、予見可能性などから、解決の優先度を決める

例えば、レジャー、交通、物流などで共通して想像しやすいのは季節や曜日による需要の差だ。特に混みやすい時期と、逆に余裕がある時期があり、そこから大きな機会損失が生まれていることが少なくない。商品によってはさらに時間帯による差がクリティカルな場合もあり、その場合にはより細かい変動をデータで確かめる必要がある。

予見可能性というのは、そうして挙げられた機会損失についてデータに表れる定期性があるのか、予見して対策をすることが可能なのか、ということ

だ。例えば、雷が発生すると大きく需要が下がる商品があったとしよう。確かに重要な問題ではあるが、1年のうちにいつ雷が落ちるのか正確に予想を立てることは簡単ではない。気象予報データを参考にできるかもしれないが、的中率の高い雷の予報が出せるのは比較的直前となり、その時点からプライシングを変えても効果は薄い可能性がある。このような場合には、雷に対応する優先度は下げ、より定期性があり解決しやすい機会損失の発生ポイントの優先度を上に持ってくることになる。

このステップにおいても、いきなりすべてを網羅するのではなく、合理的に割り切って考え、まずインパクトの出しやすい施策から早く小さく始めることがポイントだ。

3. 解決策仮説の構築と合意

ここまでのステップが丁寧に行われていれば、「どのようなプライシングを行うべきか」という解決策については比較的シンプルに合意できるだろう。季節性による機会損失が大きいとなればそれを検証できるデータを取り込み、シーズン別料金など季節性に合わせたプライシングから始めればよい。重要なのは、いずれ状況は変わり、戦略も変わっていくと考えることだ。今年作ったプライシングのロジックが来年も活かせるとは限らない。だからこそ、初めに完璧なものを目指すよりも、運用できる仕組みを作り継続的な改善を回すことを重視して仮説を構築していく。

解決策のイメージとして、これまで一律価格だったサービスを変動価格とする場合を考える。これまで300円で売っていたサービスに、まずは10段階の価格の選択肢を設ける。そこから状況や日によって価格を選んでいくという設計だ。そして、販売数や稼働率が一定を超えたら、価格を一段回ずつ上げていく。販売が低迷している場合は一段回ずつ下げていく。最もシンプルな解決策はこのような形をとる。

ホテルや高速バスなど業界によっては、サービス提供日に向けた予約数の推移を可視化するブッキングカーブといったものを作成し、その変化を見ながら価格設定を段階的に変えていく、という方法も一般的だ。

このステップで見落としてはならないのが、価格を変えるために必要なインフラ・権限・組織の面だ。柔軟に価格を変えられれば機会損失が防げるとわかっても、そもそもそれが可能なビジネスモデルや環境になっているだろうか？

第3章で見たように、プライステックが普及しやすい業界にはテクノロジーの発展という背景がある。例えば、航空券やホテルが柔軟に価格を変えられるのは、日によって異なる価格を表示でき、その更新も容易だからだ。レジャー施設や交通業界であれば窓口でのチケット販売からWEB予約に十分にシフトしているか。駐車場であれば看板に固定の料金は書かれていないか、精算機は対応できるのか、など十分にプライシングの効果を生むためにはインフラ面での柔軟性も必要となる。

そして、オペレーションに目を向けると組織や人材も重大なボトルネックになり得る。例えば価格の変更に何回もの稟議が必要な場合には、日によって変わるダイナミック・プライシングを行うためには意思決定プロセスを変える必要がある。せっかく機会損失に対するプライシングのモデルが考えられても、それを実行し続けられる担当者がいない場合には絵に描いた餅となってしまうだろう。

解決策を決めるステップでは、プライシングの中身だけでなく、オペレーションや組織、インフラの大胆な変更も併せて議論し決定される必要がある。

プライシングはまさに全員野球となるのだ。

4．プライステック・ツール／システム実装プランの確定

このステップではリサーチと検討によって決まったプライシング戦術を実行に移すためのシステムを実装する。社外のプライステック・ツールを活用する場合には、データ連携などのつなぎ込みが必要となるだろう。自社で開発する場合にも新しいオペレーションに合わせたシステムを考えることになる。組織面の変更と合わせて、トータルの人的・金銭的コストや、実装完了までのスケジュールが見えてくるはずだ。

プライステックを用いたプライシングの成功のためには、プライシングの実行に取り組む部門と、システムの実装や改善を担うIT部門の連携が重要だ。

実行部門は常に仮説検証を行い、その結果を見てまたプライシングをチューニングしていく。より良い結果を得るために、プライシングの条件を変えていくことや、これまで活用していなかった新しいデータを既存システムか

ら取り込むといった改善活動が欠かせない。これをスムーズに実行していくためには、システムを管理しアップデートできるIT部門との二人三脚が欠かせない。

もしプライシングの支援企業と協業する場合には、それらの企業にはプライシングの戦略や知見を提供するコンサルティング部門と、テクノロジーの解説やシステム開発を担当してくれる部門が存在するはずだ。戦略や実行を担うチームと、システムを担うチーム、それぞれが密な連携を取れる状態を作っておこう。

プライシング・システム実装においては、少なくとも分析用のデータを取り込む連携開発と、価格情報を販売システムや値札に送信する連携開発が必要になるはずだ。第3章で見たように、プライシングと隣接領域のシステムとの接続がフレキシブルに行える状態が望ましい。

ステップ4にしてようやくプライステックが登場する。繰り返しになるが、プライステックは銀の弾丸ではない。重要なのは手段ではなく、目的・課題・戦略から考えることだ。ソリューションの選定や実装方法はそれに合わせればよい。

5.ツール／システムの実装、運用開始

システムが準備できたら、初期のプライシング戦術が実行されるよう設定し、運用開始となる。実際に新しいプライシングを適用し始める際には、社内外への丁寧な広報コミュニケーションも重要となる。どのような狙いがあって、なぜ新しい仕組みを始めるのか、利便性はどのように変わるのかなどを顧客に十分に理解してもらう。そして、自社内にも混乱のないよう、戦略や方針について十分な共通認識を作っておこう。

システムとともに準備しなければいけないのが、プライシングを担う組織である。理想を言えばシステム実装を進めている間に、担当部門を立ち上げ、新しいオペレーションや細かな戦術を作り始めておくべきだ。組織としても準備が整った状態で、少しずつシステムを活用したプライシングを始められることが望ましい。

そうしたチームには、最低限のデータ分析やマーケティング、プライシン

グの基礎知識が求められる。準備期間を、チームの研修やワークショップを行うことや、ここまでのステップで検討してきた目的・機会損失などの結論の解像度をより高めていくことに充てるのがよい。

このとき、複雑なデータサイエンスが必ずしも求められるわけではない。実際に著者の携わった企業でプライシングの運用に取り組んでいるのも、データ分析ではなく営業企画やマーケティング部門の方たちだ。

プライシングに取り組むチームのモデルケースとしては、戦略を決定する責任者と、オペレーションを担当するメンバーを分ける形がある。さらには、プライシングの上位概念としてのマーケティング戦略や、そこに紐づく営業販促部門、商品部門との一貫性を保っていく。そのためには、ＣＭＯと呼ばれるポジションをマーケティングに関わる各部門の上位に設置し、一丸となって進めていく形が考えられる。

プライシング責任者にはどのような人が向いているか

プライシングの責任者に求められるものはマインドセットやスキルなどさまざまな要素があるが、ひと言で表すならばロジカルシンキングがきちんとできることだ。データとロジックに基づいて、合理的な判断と業務ができる能力が最も大切である。

より広範なプライシングを高速で回し続けていくというのを考えると、手作業で一個ずつ努力することに喜びを感じる人よりも、仕組みを作って回していくことに喜びやモチベーションを感じられるような志向の人が望ましい。仮説を立て、実行を回しながら改善を繰り返すという姿勢が必要だ。

また、野球選手の打率のようにプライシングも10割うまくいくなんていうことはない。何回もチャレンジできる場面があり、その中で平均的な成功率をどれだけ高めていけるかという取り組みだ。1件1件の価格やその結果にくよくよするのではなく、全体を俯瞰し、個別最適よりも全体最適を考えて頭と手を動かせる人材がプライシングを担うのに適している。

6．継続的改善や拡張

無事に新しいプライシングの運用が始められたら、そこがスタートラインだ。初めに設定する施策だけで機会損失がゼロになるわけではない。状況や戦略が変わることもあれば、うまくいっているからこそ適用範囲を拡張することもあるだろう。

例えば新しいデータの取り込み、分析手法の高度化、組織人員の拡大とトレーニングなど、継続的な改善に取り組もう。仮説検証を繰り返し、改善を続けることが、プライシングにおける自社の優位性を生み出し、顧客への魅力を増していく唯一の道だ。

プライステックは発展していき、さまざまに導入してみたい技術や手法が生まれていくだろう。ただし、このステップにおいても「ここまで取り組んでなお残っている機会損失は何か」「このプロジェクトではそもそも何を実現したかったのか」という、ステップ1や2の問いに常に立ち返ろう。

未解決の機会損失がどのように生じているか特定できたら、改善を進めればよい。例えば、予約数や稼働状況に応じたプライシングである程度の機会損失は抑えることができた。ただし競合店舗の料金によって起きる機会損失については対応できていない。だから競合調査を仕組み化し、データとして取り込もう、といった思考の順序である。

ステップ1から5まで、仮説を立てながら進めてきたはずだ。その仮説がどれほど正しかったかを検証し、未解決の課題を抽出していくのがプライシングの基本だ。

また、プライシングの成果は、基本的にステップ1で決めた目的や課題解決がどれぐらい進んでいるかで測られるべきである。新しい価格を設定し、それが実際に販売されて結果を分析するまでにはある程度のサイクルが必要になってくる。最初の成果が得られるまでに、最低でも半年から1年間は取り組みを続ける必要が出てくることがほとんどだ。中長期的な目線で改善が進んでいるかを確かめていこう。

第4章のまとめ

- プライシングはビジネスにとって重要な三つの要素、「自社」「顧客」「従業員」に大きく影響するキーレバーである。
- 企業におけるプライシングは未成熟であることが多いが、組織や技術に投資し、使いこなすことができれば強い優位性になり得る。
- 新しいプライシングの成功確率を高めるためには一定のフレームワークがある。複雑度の高いテーマだからこそ、目的を失わないために次のような順序で進めるのがよい。

1. プロジェクトの目的と課題の具体化
2. リサーチの実施、機会損失ポイントの特定
3. 解決策仮説の構築と合意
4. プライステック・ツール／システム実装プランの確定
5. ツール／システム実装、運用開始
6. 継続的改善や拡張

- プライシングをコミュニケーションと捉え、顧客をセンターに置いて構想することで、有効かつ顧客にも納得感のある価格をつけることができるだろう。売り手の独りよがりや技術偏重のプライシング戦略となってしまうのは防ぐべきだ。

第5章

価格の未来

プライステックで世界はこう変わる

価格3・0の時代となり、さまざまな業界でプライステックが普及していく未来。世界はどうなっていくのだろうか？

本章では、著者がその普及に取り組む想いも合わせて、プライステックの広がった先の世界観をお伝えしていく。

プライシングから始まるDX

2018年に経済産業省が「DXレポート」を発表して以来、日本の経済ニュースやビジネス書棚は、デジタル・トランスフォーメーションいわゆるDXが常に話題となっている。

経済産業省によるDXの定義とは以下のとおり。

「企業がビジネス環境の激しい変化に対応し、データとデジタル技術を活用して、顧客や社会のニーズを基に、製品やサービス、ビジネスモデルを変革するとともに、業務そのものや、組織、プロセス、企業文化・風土を変革し、競争上の優位性を確立すること。」

つまり従来のビジネス構造を新たにデジタル・テクノロジーを駆使したものに作り替え、より変化に対応しやすくすることを意味している。これは、デジタル化を通じてダイナミック性を獲得するためのビジネス変革とも言える。

この本では、価格3・0の時代を象徴するプライステックと、その一つであるダイナミック・プライシングについて詳しく紹介してきた。ダイナミック・プライシングとは、まさにプライスのダイナミック化だ。これを企業が導入することはDXの初めの一歩にもなり得る。

その理由は、価格というものが企業のビジネスの構成要素の中で最もコストを低く変えることができ、そして大きなインパクトをもたらすからだ。第4章で見たように価格を変えることは企業の利益に対して大きな影響をもたらす。そしてサービスやインフラを変えることと比べて、より早く軽く変更することができる。

プライシングをダイナミックに変え、その成功体験が企業の中に生まれることによって、自然とその隣接領域の変革にも目が向いていく。マーケティングの他の要素や、製造、流通といったサプライチェーンにおける柔軟性を獲得するための投資や変革が進めやすくなるかもしれない。伝統的なビジネスに取り組んできた企業において、新しいタッチポイント（売り場、アプリなど）や新しいビジネスモデルをいきなり作り出すのは困難だ。しかし、プライシングはすべてのビジネスに共通する要素だ。変革インパクトが早く、大きく出るプライシングから、ＤＸが加速していく可能性もあるはずだ。

サステナビリティにつながるプライシング

改めて、価格とはなんだろうか？

価格は、売り手と買い手を結ぶもの。価格が高くなれば少ない人に商品が届けられ、安くなれば多くの人に行き渡る。つまり、価格は売り手と買い手をマッチングさせる調整弁であり、有限な資源とニーズをマッチングさせていく調整弁である。需要の高低や供給の限度・希少性に合わせて、動的な価格が調整弁の役割を果たす。価格の利点が活かされ、この調整弁がうまく働いていけば、希少な空間や時間、資源、商品といったものが効果的にそれを求めている人のところに届けられることになる。

第1章で見たように、プライシングとはインセンティブのデザインだ。インセンティブが工夫されることによって、個人や企業のアクションを変えていくことができる。

一律価格の時代には、その商品やサービスが高いか安いかという軸だけだったが、そこに時間という軸が加わる。例えば、映画館、レストラン、通勤電車などで曜日や時間帯別の料金が始まる。すると、今までは自分の行きやすい時間を選んでいた人も、お得なら少し早い時間に行こうかな、といつもと違う選択肢を検討することにならないだろうか。価格が柔軟になることで選択肢が増え、人の行動を変えていく。しかも、強制的ではなく、ポジティブな行動変容を促す。これが価格の最も優れた特徴だと著者は考えている。

もっと多くの業界で、もっと多くの取引で価格が柔軟に巧みに活用されるようになれば、サステナビリティの向上につながる。これは大げさな話ではない。実際に、カーボンプライシングのように地球環境のために価格の仕組みが使われている。これまでは価格がついていなかったものに価格がつけられ、それがメッセージとなって国や企業や個人の行動が変わっていく。

価格の売り手と買い手のマッチングを調整する機能。それが交通政策で活用されれば渋滞という時間や化石資源のムダを抑える。スーパーマーケットやレストランで活用されれば、食品ロスの対策となり、食材のムダを抑える。

グローバルでは年間のファッション供給量のうち約60％、９２００万トンが廃棄されている。日本でも同水準で、ファッション商品29億点の供給のうち15億点が消費されず、廃棄されている。

国土交通省によると、自動車から排出される二酸化炭素は渋滞時には約50％増加する。また、渋滞による経済損失額は12兆円という試算もある。

２０２１年の東京オリンピック・パラリンピック期間中、首都高速では昼間の料金を１０００円上乗せ、夜間の料金を5割引きとするロードプライシング施策が実施された。その結果、渋滞の距離と時間をかけた「渋滞長時間」が日によって68〜96％と大幅に減少した。

日本のタクシー総車両数は23万０３０５台で、これは全自動車保有台数に対する０・２７％に当たる。全走行キロのうち乗客を乗せているキロの割合を表す実車率は東京で47・3％となっている。つまり、タクシーが走行している距離のうち50％以上は誰も乗せずに回送していることになる。

日本のトラック数は７６５万４１１８両（自家用・営業用合計）。国内貨物総輸送量のうち重さベースで9割、重さ×距離ベースで5割をトラックが占めており、労働力不足が大きな業界課題となっている。一方で、稼働しているトラックの輸送能力のうち何%が有効活用されているかという「積載効率」は約40%。つまり、トラックの荷台の60%は空いている（重さベース）のだ。

まだ食べられるのに廃棄される食材、いわゆる「食品ロス」は日本において年間612万トン。そのうちの328万トンは、外食や製造、流通（つまりレストランやスーパーマーケットなど）で生じる廃棄だ。

欧州では、スーパーマーケットのダイナミック・プライシング活用が進んでいる。注目企業の一つがオランダ最大手のスーパーマーケット・チェーン、アルバート・ハイン（Albert Hejin）だ。親会社は、オランダに拠点を置きながら、ヨーロッパやアメリカでスーパーマーケットを中心に展開するアホールド・デレーズ（Ahold Delhaize)。英テスコや仏カルフールに比べると日本国内の知名度は劣るが、デロイトトーマツの「世界の小売業ランキング2020」では世界12位に位置するほどの巨大小売企業だ。

アルバート・ハインがタッグを組んだのは「ウェイストレス（Wasteless)」というスタートアップ。食品ロス削減と収益向上を目的としたダイナミック・プライシングソリューションを食品小売業者に提供している。ウェイストレスは、各商品の在庫数や

図5-1
プライシングでポジティブな行動変容を作る

個としてはAやBのことをやりたいが、社会課題が生まれる

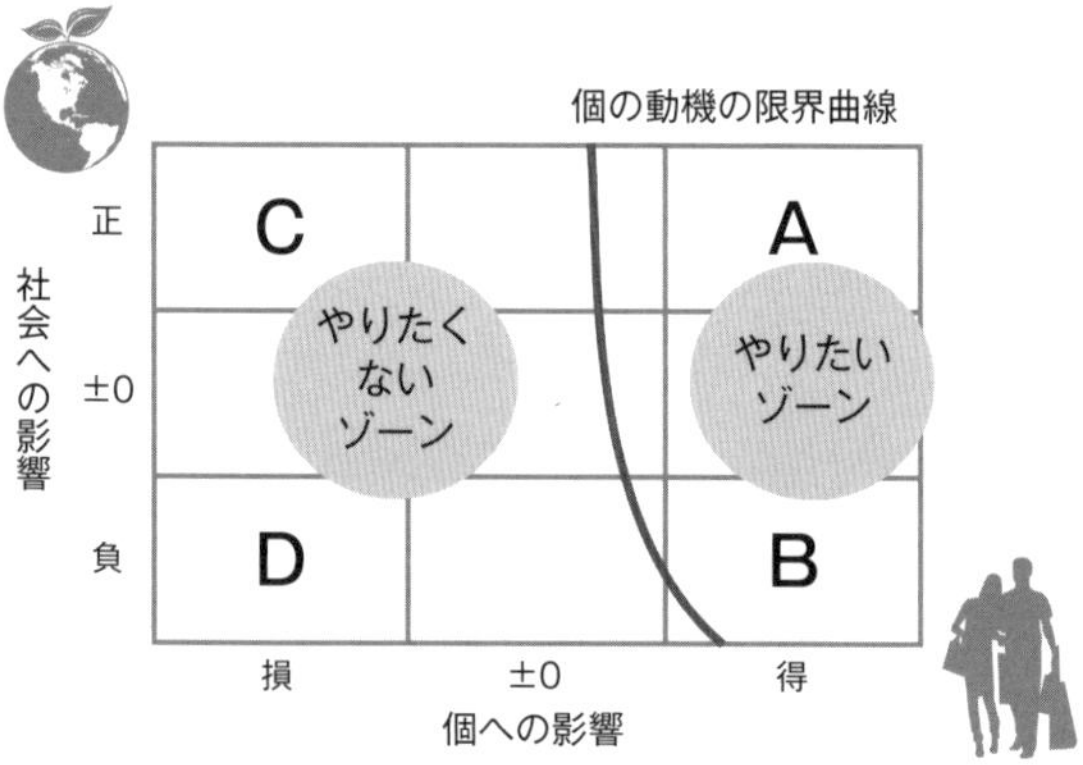

高い道徳心を求める現代のアプローチ

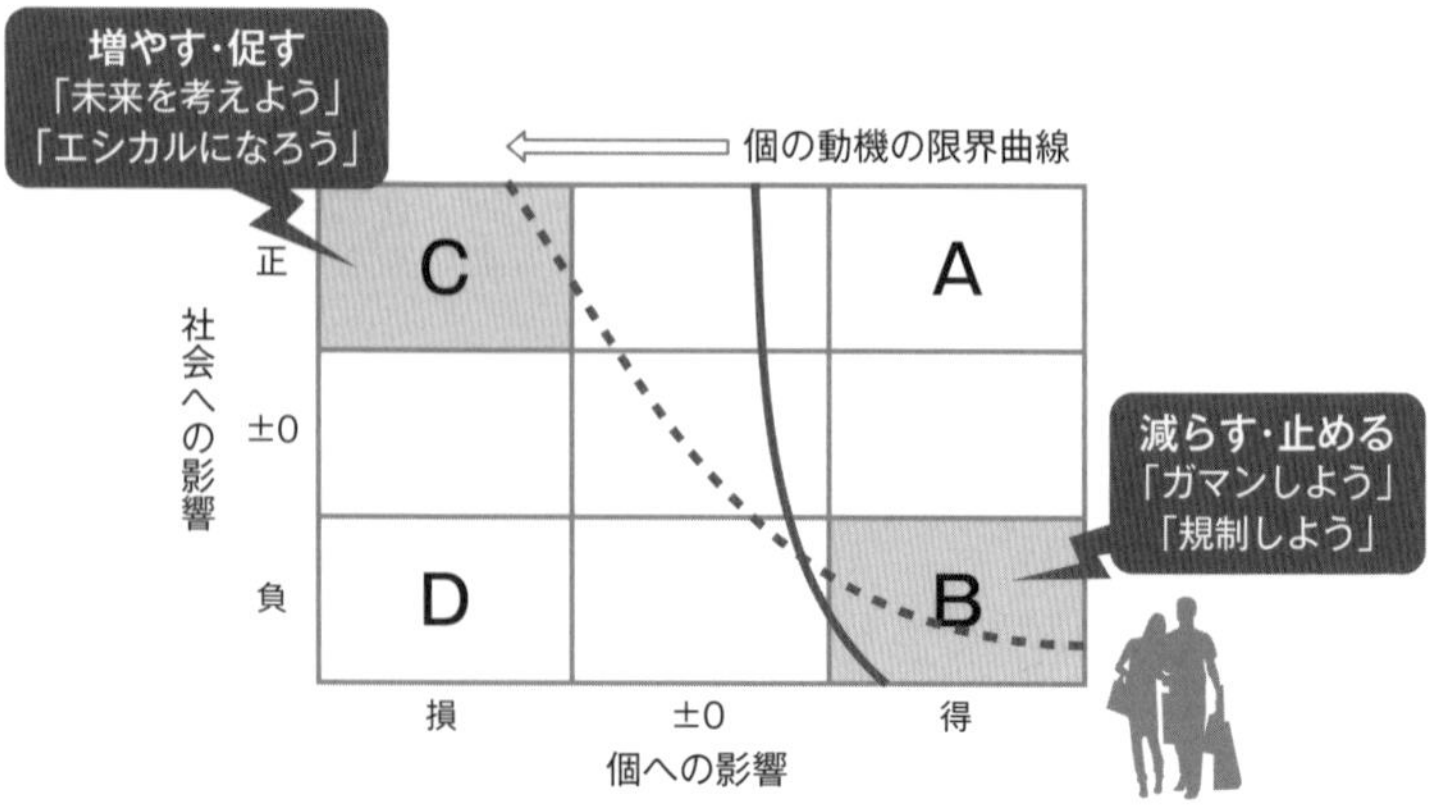

期限に基づいてリアルタイムに値下げを行うことで来店客の購入を促進する。ウェイストレスとアルバート・ハインは成果を公表していないが、ウェイストレスがスペインの別の小売企業と実施した実証実験では、食品ロスを3分の1削減しながら、収益を6・3％増加させることに成功している。

地球の資源は有限であり、私たちの人生の時間も有限だ。これらのムダをなくし、より良いマッチングを促すこと。これが価格という仕組みの究極的な活用方法であり、その普及に取り組んでいる著者の動機でもある。

価格が柔軟になり、そしてより効果的に各業界や企業の取引で用いられていくことによって、生活する個人の目線でもメリットが多くなる。わかりやすいところで言えば、交通、自動車、バスなどの渋滞、そして電車やお店の混雑といったところの解消は、プライシングの効果だ。

ポジティブな行動変容を作る

サステナビリティのために価格を活かすとき、カギとなるのが「得と徳の合致」と

プライシングでできる、もう一つのアプローチ（インセンティブのデザイン）

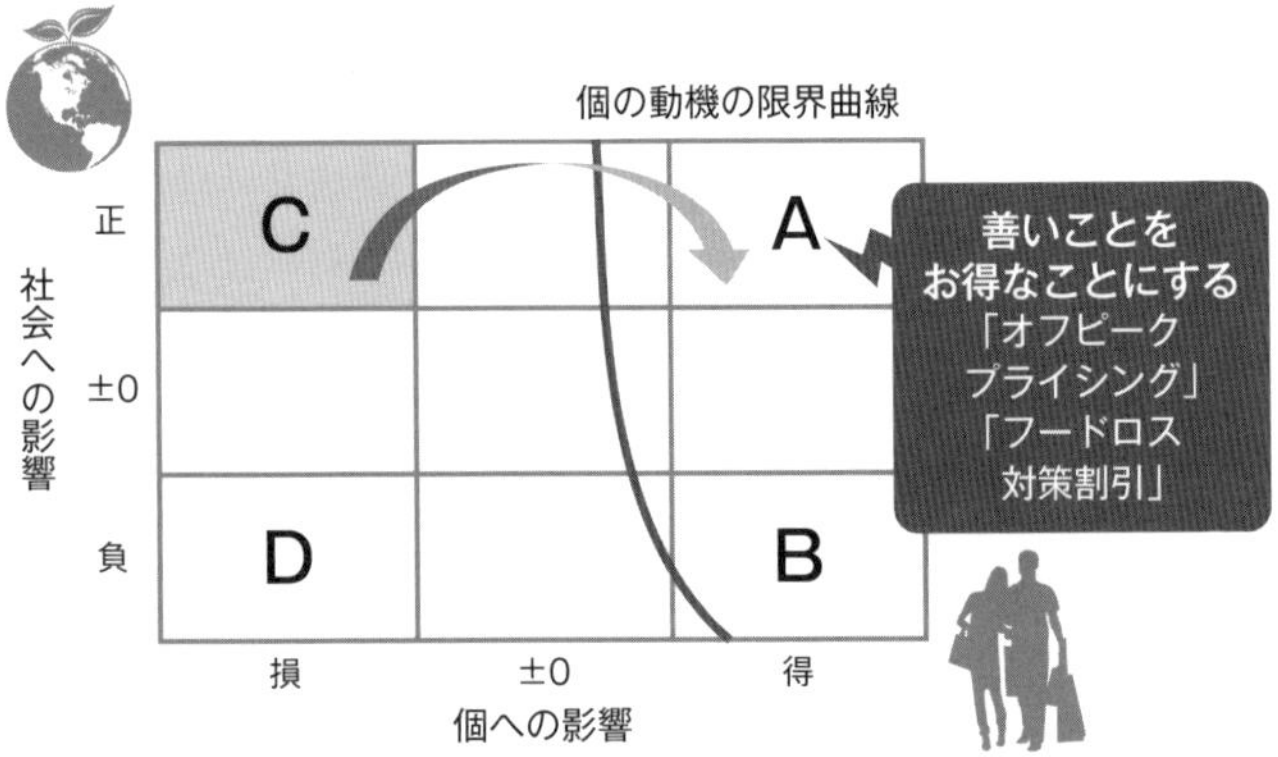

いう考え方だ。

有限な地球の資源や環境問題を考えると、人々に、社会全体にとってよりよい行動を促していきたいが、当然ながらそれが企業や個人の動機とは相違するときがある。そのためのアプローチとして現在注目されているのは節制や倫理観といった高い意識を求める方法だろう。

個にとっては損もあるが、社会にとっては善い行動を促すために「未来の世代のことを考えよう」「エシカルになろう」といったメッセージを届ける。個にとっては得だが、社会にとっては負担となる行動を減らすために「ガマンしよう」「規制しよう」とブレーキをかける。これは間違いなく重要なアプローチであり、継続していくべきだが、果たしてすべての人に高い道徳心や倫理観を持たせるまでにはどのくらいの時間がかかるのだろうか。

そこで、もっとシンプルに経済合理性に訴えかけてみるのはどうだろう。プライシングでできるもう一つのアプローチが、社会にとって善いことを、個にとってもお得なことにする。言い換えると「得と徳を合致させる」という方法だ。その例が前述した食品ロス対策割引やオフピークプライシングだ。強制したり、啓蒙したりするだけでなく、得が変わることで個のポジティブな行動変容を促す。北風と太陽の寓話でいう太陽のように、自由な意思の上で積極的に善いことに個が動いていくアプローチだ。シンプルに経済合理性にも訴えかけることが、企業や個人を強く動かすエネルギーになる。これがもう一つのドライバーとなってサステナビリティの向上を後押しするのが、価格3・0を超えた先の世界観だ。

プライステック活用の最大のボトルネック

サステナビリティを向上させ、企業の収益も大きく向上させるポテンシャルのあるプライステックだが、その普及の鍵となるのは何だろうか。さまざまな業界の企業との取り組みを重ねるなかでわかってきたこと、それは最大のボトルネックはマインドセットであるということだ。

第3章で見たように、背景としてのテクノロジーは急速に整いつつある。EC比率の向上、キャッシュレス決済の浸透、一人ひとりに瞬間的に違った情報を届けられるスマートフォンの普及。そして、ダイナミック・プライシング、プレ・プライシング、ポスト・プライシングを実行するためのプライステックも進化を遂げている。

また、価格に対する法的な規制も特別に多いわけではない。航空券も高速バスも、段々と自由化の方向に進んできた。今は規制の強い鉄道やタクシーの運賃においても、ダイナミック・プライシングの議論が行われている（2021年現在）。いずれ、今よりも自由な運賃設定が可能になるだろう。

テクノロジーは整い、法的な制限も緩和されている、つまりあとは実行するのみという状況だ。積極的に新しい仕組みを取り入れ、業界において優位性を築く企業もある一方で、従来型のプライシングから踏み出せない企業があるとすれば、そのボトルネックはマインドセットとなる。業界慣習の慣性が働く企業のマインドセットでもあり、その顧客のマインドセットでもある。

企業は、業界に事例が少ないうちは買い手のネガティブな反応を懸念している。また、売り上げを伸ばすこと、セールをすることの心理的な楽さに引っ張られ、積極的なプライシングを始めることに対して腰が重い。

マインドセットの問題ということは、つまり認知の問題だ。認知の問題ならば、人々に新しい価値観が示され、ポジティブな実体験があり、共感者が増えていくことで解決できる。

確かに買う側としては、変動価格になることによって、今までよりも価格が高くなることへの懸念や心配があることはわかる。買い手側は安ければ安いほど嬉しい。一方で、この本を読む人の多くは働き手や売り手というもう一側面も持っているだろう。そのときには自分の仕事への報酬や、作り出した商品につけられる価格は高ければ高いほど嬉しいはずだ。

買い手は安さを望み、売り手は高さを望む、ということ自体は至極当然だ。問題は、そのバランスである。私たちは、買い手でもあり売り手でもある。もし誰かに「高品質なサービスを安くしてほしい」と求めれば、それは巡り巡って、売り手としての自分の首を絞めることになる。イノベーションによって製造や提供コストが大きく下がり、結果的に安くなるなら進歩だが、単に安さを求めることは企業努力という名の過剰な働き手の負担にもつながりかねない。

この数十年間、日本は業界やビジネスの構造を抜本的に変えることはなく、また働き方や、遊び方、休暇を取って旅行に行く時期などのライフスタイルを大きく変えることなくきてしまった。そして、「薄利多売」が良しとされ、売り手に対して常に安さと高品質を求めていた結果、硬直的で収益力が高まりにくい経済を作ってきてしまったと言えるのではないだろうか。

売り手と買い手という両側面の自分を考え、業界課題の解決という視野で考えていけば、ビジネスやプライシングが柔軟で合理的に変わることも受け入れやすくなるはずだ。

そして、売り手が収益力を高めていくということは、長期的に見れば買い手にとっても得が大きい。収益力が高まるということは、以前と比べて価格を安くしても、同等以上の利益を生み出せるということである。一時的な価格変動やバランスの見直しによって、価格はときに安く時に高くなるが、中長期的には事業の効率性が増していき、より安価に私たちはサービスや商品を受け取れるようにもなるはずだ。また、そうした収益力の向上は賃金や、企業、個人の購買力に還流されていく。そして、ダイナミックになったビジネスは各業界の稼働率や積載効率の向上、ロスの削減といった課題解決も加速させる。

大きな視野を持って、ボトルネックとなっているマインドセットを私たちで変えていくべきときだ。本書で繰り返し述べてきたように、薄利多売で疲弊するビジネスから適利適売でちょうどよい大きさのビジネスへとバランスを見直そう。利益を追求することはやましいことではなく、良いことだと評価しよう。全員に平等、常に一定、というたった150年間の常識を見直そう。新しいプライシングは、売り手にも買い手にも地球にも良いことであるという共通ゴールを認識しよう。

認識の変化から、社会の変化は始まっていく。

新しいプライシングが浸透した2030年の社会ビジョン

ここまで紹介してきたような新しいプライシング手法や考え方が広がり、さまざまな業界で効果的に活用されていくことで、ある一つのビジョンが実現できると筆者は考えている。それはプライシングや業界の枠を超えて、ビジネスにおけるすべての要素がダイナミック化した社会。いわば、ダイナミック・エコノミーと呼べるような社会だ。

ダイナミック・エコノミーとは、従来の一定生産、画一販売、余れば廃棄というスタティック（固定的）な経済に代わって、製造、流通、販売といったビジネスのあり方をダイナミックにつなぎ直すことで、柔軟なマッチングを促し、限られた資源を最大限に有効活用させる経済の仕組みのことだ。ダイナミック・エコノミーが実現した都市や地域では、移動や買い物、遊び、そしてそれらを支える物流が滑らかに巡っていく。

例えば鉄道やタクシー、バスなど交通領域ではダイナミック・プライシングが浸透し、混雑や渋滞の緩和につながっていく。それは石油資源や電力といったエネルギーの効率的な使い方にもなる。できる限り少ない資源でより多くの移動ニーズを満たし、環境負担を下げるための道のりだ。

輸送や倉庫といった物流業界では、配送ニーズの一極集中や、ある繁忙期への集中が緩和されていく。労働環境も改善しやすくなり、働き手の負担も緩和される。また、需要が調整されることによってトラックなどの積載効率が上がり、できる限り少ない資源でこれからますます増えるであろう物流ニーズを満たすこともできるようになる。こうした進歩は、配送サービスの質や満足度の向上にもつながるはずだ。

小売りや外食産業でダイナミック・プライシングが進んでいけば、食品ロスや商品の廃棄といった問題の解決につながる。商品の在庫状況や賞味期限に応じたプライシングが行われることで、廃棄期限に近い商品の流通が促される。価格の変化だけでなく、需要予測に基づいて仕入れや製造量も動的になり、売れ残りや売り切れが最小化されていく。プライシングと、製造や仕入れ、値札やアプリなどのタッチポイントがデジタル化し、そしてダイナミック化することで実現する、できる限りムダがない流通のデザインだ。

ダイナミック化はさまざまな商品の販売だけでなく、人々の働き方やライフスタイルの変化にも共通するテーマだ。テレワークや週休3日制の施行も一部でスタートしているが、まだまだ多くの人の働くリズムは画一的だ。通勤時間にはラッシュが、お昼休みには人気店に行列が見られ、大型連休にはみんなが旅行、という光景は働くリズムが多様でダイナミックにならない限り続いていくだろう。一つひとつの企業が働き方の自由度を高めたり、一人ひとりがお得な時間帯や時期に行動をシフトすることによって、各業界での需要のピークを下げることができる。顧客の期待に応えるため、特に交通やサービス産業ではピーク時の需要に合わせて供給量を設定しがちだ。それが、ピーク時以外の余剰や、需要減少時の大きな固定費を生んで経営にも環境にも負荷をかけてしまっていた。

ライフスタイルがダイナミックになり、需要のピークが下がれば、今までより低い最大供給量でも安定的にニーズを満たすことができる。少ない資源や環境負担で経済が回り、社会の効率が高まりながら、混雑や過密に辟易していた私たちの生活の悩みも低減されていくだろう。

2021年6月には内閣府の定めるいわゆる骨太の方針において、「多様で持続可能なスマートシティを2025年度までに100地域構築する」という目標が閣議決定された。スマートシティのような新しい都市のコンセプトは生まれているが、都市をハードやインフラから作り直すためには時間やコストがかかる。例えば今のニーズには合わなくなった道路や線路を引き直す、新しい技術をビルや車道に組み込む、といった作り変えだ。こうした取り組みで理想的な都市ができ上がるには相当に時間がかかるが、プライシングや情報の層がまずダイナミックになることで、そのスマート化も加速できる。街やビル、道路といったものが変わる前に、価格や情報が動くことでも人々や企業の行動が変わる。変更が早く、軽いプライシングの特性を活かすことで都市課題解決も早められるはずだ。

このように経済の各要素が固定的・画一的なものからダイナミックなものへと発展

した社会像が、ダイナミック・エコノミーという言葉に込めたビジョンである。

より良い未来のために、あなたから変えていこう

新しいプライシングを取り入れ、自分の利益も高めながら業界や社会の問題を解決していく取り組みは、自分一人からでも、企業1社からでも始めることができる。一方で、1社だけでは変えられないこともある。業界の固定的なルールや数十年続いてきた商慣習を見直していく、取引条件を見直していくといったことに双方が合意していく必要がある。

仮に混雑度合いによって価格が変動していくことが一般的になったとしても、働く人たちの時間の自由が少なければ、結局は早い時間にランチやディナーに行くことや、平日に休みを取って旅行をするといったシフトが進んでいかない。よりフレキシブルな働き方や休み方が実現され、他人と違った選択を尊重し合えるような、ひいてはカルチャーの変化にまでつながる話だ。

企業の商慣習が柔軟でダイナミックなものになり、働く場所や時間帯、そしてライフスタイルが自由で多様になる。これは個人としての充実感や幸福感も高めながら、企業としての収益力や変革スピードの向上も得られる変化だ。そしてより大きな業界や社会の目線を持てば、より少ない資源で多くのニーズを満たしていく仕組みは必要不可欠だ。

一人から変えられることに積極的に取り組みながら、一人では変えられないことについては知恵を結集し、共通のビジョンからバックキャストして、一歩ずつ変化を積み重ねていこう。この『新しい「価格」の教科書』は、そういった新しい明日を目指す人へのメッセージだ。

この本をきっかけに一人でも多くの人が、価格について今までよりも自由な認識を得て、そのよりよい活用に前向きな気持ちになってくれたら、筆者としてこの上なく幸せだ。

第5章のまとめ

- 注目の集まるデジタル変革の本質はビジネスにダイナミックさをもたらすことであり、プライシングはその中でもインパクトの生まれやすい重要テーマである。
- 価格は個人や企業の行動を変え、資源とニーズのマッチングを調整する。うまく活用することができれば、食品ロス、エネルギー消費、商品の廃棄問題などの社会課題解決につながる。
- 生活する個人の目線でもメリットが多く、自動車などの渋滞や、電車や店舗の混雑の抑制が期待できる。
- プライシングのダイナミック化をきっかけとし、ビジネスモデルや組織、働き方などもアップデートされ、機動的でムダの最小化された経済を目指すことがこれからの社会ビジョンの一つとなる。
- 企業や個人のマインドセットが変わり、私たち一人ひとりの行動が変わっていくことで大きな変化が生まれていく。価格について今までよりも自由な認識を得て、これからの生活や仕事に存分に活用してほしい。

おわりに

「価格って面白い」

一人でも多くの人にそう気づいてもらえたらと思い、これまでの経験と考察を振り絞って本書の執筆を始めたのは2020年11月頃だ。

「はじめに」で書いたように筆者はプライシングという切り口で企業支援に取り組み続けてきたハルモニア株式会社の代表を務めている。本書で初めてまとめたプライシング論は、各業界のトッププランナーと共創してきた実践知である。価格戦略に関する多くの書籍や情報を読み込むだけでなく、具体的な各企業の課題解決に伴走し、システムに組み込み、失敗と改善を重ねてきた。自社の経営の最重要イシューとして、価格の仕組みとその社会にもたらす価値を考え続けた6年間だった。

筆者のキャリアの始まりはインターネット広告業界だ。当時国内最大手のヤフーに入社し、広告を進化させる仕組みとして注目されていたアドテクの領域を担当した。実はインターネット広告はプライシングに先進的な技術が以前から用いられ、金融業界に引けを取らないレベルに発達している。広告の表示やクリックにかかる単価は、データとアルゴリズムによって瞬時に自動算定され、その結果をフィードバックし常に改善を繰り返している。このインターネット広告業界で触れたプライシングの先進性と、他業界のまだアナログさの目立つ価格設定の状況に大きなギャップを感じたのが、事業を始めることになった直接のきっかけだ。

2015年に起業した筆者は、この技術をより多くの業界や企業が活用できるようサービス化し、社会実装を進めようと考えた。とはいえ、実際のプライシング業務を見てきたわけではなく、現場・実戦経験を積むことが最優先の課題だった。そうした意味での原点は、サービスのコンセプトと想いを伝え、初めにテストユーザーとなってくれた湯河原の温泉旅館での住み込み経験だ。数週間にわたって旅館に住まわせてもらい、裏方の仕事を手伝いながら、旅行予約ＷＥＢサイトに設定する宿泊料金設定業務を学ばせていただいた。その体験からシステムの最初のバージョンが完成した。

理論ではなく実践で試行錯誤を繰り返してきたことで、多くの失敗とそこからの気づきを得てきた。

創業当時は、第三次ＡＩブームの真っ只中。ＡＩに対する過度な期待を自分たちでも持っていた。すぐにでもプライシングのＡＩが誕生し、価格が自動最適化される世界を想像していた。しかし、現実に企業が使いこなせて深い課題解決につながるソリューションは、それとは異なる形だと気がついた。

価格戦略は業界・企業による個別性が非常に高く、一つとして同じものはない。しかし、その中でも各社共通の課題を感じていて、スタンダードとなる方法論やシステム要件を描けることに気がついた。

商品の値上げ、値下げのニュースがあれば敏感に反応し、給与という自分の仕事の価格に一喜一憂している私たち。価格とはこんなにも普遍的で、多くの人の毎日に影響しているものであるのに、プロフェッショナルが非常に少ないテーマだと気がついた。

そして、価格の工夫がビジネスの課題解決や収益性に有効なだけではなく、社会や業界のロスを減らし、地球のサステナビリティを向上させられる可能性にも気がついた。

本書を書き上げて、著者は改めてプライシングの未来に大きな可能性を感じている。

最後までお読みいただいてありがとうございます。本書を読んでいただいたあなたの取り組みを応援しています。これから、機会があればイベントやSNSなどでも意見を交わし、プライシングの発展と、より良い未来を創ることをご一緒していければと願っています。

2021年8月

日本各地の素敵なカフェ、ホテル、シェアオフィスから

松村 大貴

［著者］
松村 大貴（まつむら・だいき）
ハルモニア株式会社　代表取締役
ヤフー株式会社で米国企業との事業開発やブランディング、東日本大震災の復興支援プロジェクトなどに携わった後、2015年にハルモニア株式会社を創業。インターネット広告の仕組みから着想を得てダイナミック・プライシングサービスを立ち上げ、企業へのコンサルティング、ビジョンメイキングを行っている。ビジネスのすべてをダイナミックにし、地球のサステナビリティを向上させることがミッション。

新しい「価格」の教科書
――値づけの基本からプライステックの最前線まで

2021年12月14日　第１刷発行

著　者――松村 大貴
発行所――ダイヤモンド社
〒150-8409　東京都渋谷区神宮前6-12-17
https://www.diamond.co.jp/
電話／03･5778･7233（編集）　03･5778･7240（販売）

ブックデザイン－杉山健太郎
図表作成･DTP－桜井 淳
校閲――――聚珍社
製作進行――ダイヤモンド・グラフィック社
印刷・製本―ベクトル印刷
編集担当――柴田むつみ

ISBN 978-4-478-11293-9